उत्सव का निर्मम समय

नंद चतुर्वेदी

वाणी प्रकाशन ग्रुप
भारतीय ज्ञानपीठ

वाणी प्रकाशन : भारतीय ज्ञानपीठ की पुस्तकों के एकमात्र प्रकाशक एवं वितरक

लोकोदय ग्रन्थमाला : ग्रन्थांक 673

सजिल्द पहला संस्करण : 2001
सजिल्द दूसरा संस्करण : 2026

वाणी प्रकाशन : भारतीय ज्ञानपीठ की पुस्तकों के एकमात्र प्रकाशक एवं वितरक

वाणी प्रकाशन

4695, 21-ए, दरियागंज, नयी दिल्ली-110 002
दूरभाष : 011-23273167, 23275710
ईमेल : sales@vaniprakashan.in
www.vaniprakashan.com

ISBN : 978-81-263-0635-0

मूल्य : ₹ 325

उत्सव का निर्मम समय
(कविता-संग्रह)
नंद चतुर्वेदी

UTSAV KA NIRMAM SAMAY
(Poetry Collection)
by Nand Chaturvedi

आवरण एवं सज्जा : गोपाल नामजोशी
मुद्रक : आर. टेक ऑफ़सेट प्रिंटर्स, दिल्ली-110 032

भूमिका

अपने लिखने पर किसी भी प्रकार की टिप्पणी करना मोहाविष्ट होना ही है। अपना लिखा हुआ, बोला हुआ, आत्मा का केन्द्र ही होता है, अविछिन्न और अभिन्न। बहुत दिनों बाद और बहुत दूर से देखने के बाद भी उसका लालित्य नशा पैदा करता है। 'अपना कवित्व सरस हो या फीका किसे अच्छा नहीं लगता' ऐसा वर्णन करती तुलसीदास जी की एक चौपाई है।

कविता लिखने का कौशल सीखा जाता रहा है, सीखने पर कुछ बात बन भी जाती है, अभ्यास के कारण कुछ लक्षण कविता जैसे, कविता से मिलते-जुलते, नज़र आने लगते हैं लेकिन असली, एकदम सौ-टंच कविता किसने लिखी है ? उस तरह के पारखी, समीक्षक कौन हैं ? भाषा के इस कालातीत जादू की ताक़त कहाँ है ? बिहारी ने यह सवाल शायद कवियों को ही सम्बोधित किया हो : कितनी ही जादूगरनियों की बड़ी-बड़ी और अनियारी आँखें मिल जाएँगी लेकिन सुजनों के मन बाँधनेवाली चितवन तो 'कुछ और' ही होती है। 'कुछ और' यानी कैसी ? कैसे बँधते हैं सुजनों के मन और क्या परिणाम होता है मन बँधने के बाद, मन का ? यह सब सवाल प्रायः निराशा ही पैदा करते हैं।

इसलिए कविता लिखने के बारे में उत्तर देते हुए किसी एक उत्तर से बँधना सबसे अधिक क्लेश देनेवाली पराधीनता है। उत्तर नहीं दिए गये हैं। जो उत्तर दिए गये हैं वे सब-के-सब खारिज़ कर देने जैसे थे यह भी नहीं है। किसी ने उत्तर देखकर, उत्तर देने के लिए ही कविता लिखी हो यह सम्भव है लेकिन सर्जना की चाहत, उसके परिणाम, उसका रसानन्द और प्रज्ज्वलन, उस मझधार में उतरना और पार आ जाना या डूब जाना यह सब दूसरी दुनिया बनाना है। सर्जना में दूसरी कई, पहले से न जानी गयी बातें—अचिन्त्य आवेग, मनोरथ, अन्तर्विरोध और

सपने, रोशनी और अँधेरे—हस्तक्षेप करती हैं; सारी चीज़ें जिन्हें मैं जानता नहीं हूँ—The Things Unknown to me जैसाकि हर्बर्ट रीड ने अपनी पुस्तक को नाम देकर अभिहित किया है।

लेकिन तब भी कविता या कोई सर्जना, निरपेक्ष नहीं है, वह (कविता) किसी भी शक़्ल में हो—अबूझ या कि उलटवाँसी या चकित करनेवाली दिव्यता, अनेकार्थी या एक अर्थवाली ललित या अग्निलपट, यथार्थ या 'यूटोपिया' वह मनुष्य की आकांक्षा ही है। आकांक्षा के सहस्राकार, सहस्र आयाम, सहस्र रूप—सर्जना की स्वाधीनता के पक्ष हैं। एक सर्जनात्मक समाज अपनी सारी धन-दौलत, स्मृति और सम्पन्नता के साथ समाज और समय को इसी तरह समझता है। इस दुनिया को पूरी समग्रता में बदलने, बचाने की इच्छा होती है।

यह बात नज़र आती है कि रचने की इच्छा महत्त्वाकांक्षा भी है और विखण्डन भी, एक अर्थ को तलाश करना और एक अर्थ की कुरूपता को तोड़ना पिछली शताब्दी की कविता इस अर्थ में, बड़ी और सार्थक है कि वह सर्जना अथवा कविता के स्थापित अर्थों को बदलती है और मनुष्य की विलुप्त, छीजती हुई पहचान को बचाने की अथक कोशिश करती है। संहार, दासता, तिज़ारत, लालच और धर्मोन्माद दुनिया को कुचलने और आतंकित करते रहने के लिए तरह-तरह के आयुधों का निर्माण और सबसे क्रूरतम, संघर्ष में भाषा की सौदेबाज़ी और उसके सामर्थ्य को विज्ञापन के काम में लाना दरअसल कविता के लालित्य और केवल वर्णनात्मक सरहदों की रक्षा का मासूम मामला नहीं है, बल्कि मनुष्य और मनुष्य के बीच के रिश्तों को हर तरफ़ से फिर से मज़बूत करने का बड़ा संकल्प है। फ़िलहाल सबसे बड़ा, जटिल और ज़रूरी।

सर्जना और कविता के लिए हम कुछ भी चुन सकते हैं और यह भी हो सकता है कि हम कौतुकवश सब कुछ खुला रहने दें, विमुक्त—लेकिन तब भी यह ध्यान देने की बात है कि 'विमुक्तता', मनुष्यों के दायरे में गहन सदाशयता है, उच्च सामाजिकता और बराबरी का उच्चतर उल्लास। बड़े और विकसित समाजों के पास विमुक्त होने का नैतिक उल्लास होता है लेकिन वह किसी भी अर्थ में किसी को पराजित करना या दीन बनाना नहीं है। जब बड़े और विकसित समाज, सर्जना के सारे दावे केवल अपनी विमुक्ति, अपने दर्प, अपनी प्रभुता, अपनी संस्कृति की श्रेष्ठता के एक-आयामी विस्तार के लिए कर रहे हों तब सर्जना का

आनन्द और कविता की विमुक्ति का एहसास एक दुर्लभ सपना होता है। तब कविता की विमुक्ति, उस व्यवस्था से विमुक्त होने में ही होती है जो दूसरों के लिए पूरी ताक़त से उत्कर्ष के सारे रास्ते बन्द कर देती है।

याद करता हूँ तो मेरे पास कविता लिखने के बहुत से विकल्प नहीं थे। एक उत्पीड़ित समाज, अन्दर से दरकता, शक्तिहीन, नृशंस सामन्तों के ऐश्वर्य की क़ीमत चुकाता हुआ नज़र आता था। दूसरे रमणीय दृश्य डरावने, आकस्मिक और षड्यन्त्र लगते थे। उन दिनों कवि पद्माकर के ऋतु वर्णन की रसीली शैली का तिरस्कार करते हुए मैंने जो कवित्त लिखा उसका अन्तिम पदबन्ध इस प्रकार था—

दीजै रंगशाला, रतिशाला को हवाला कहा,
बिलखत जे हैं एक-एक ही निवाला को।

अँग्रेज़ों और सामन्तों की दोस्ती और उत्पीड़न से बनी हुई व्यवस्था का अन्त नज़र आ रहा था, किन्तु एक हारी हुई बाज़ी खेलते समय भी वे अपनी सुरक्षा और आर्थिक सम्पन्नता की किलेबन्दी में चौकन्ने और सजग थे।

आज़ादी की कविता लोगों के साथ थी। पहली बार और इतने खुले दिल से। उत्पीड़न के ख़िलाफ़ यह पहली बार कविता का संगठित उन्मेष था। शायद पहली बार कविता ने इतने प्रबल स्वर में अपनी सामाजिक प्रतिबद्धता को केन्द्रित किया था।

आज़ादी के बाद की कविता अधिक गम्भीर और रचनाशीलता के अनेक आग्रहों को स्वीकारती है। इस क्रम में सबसे लम्बी और उग्र बहस राजनीतिक शिविरबद्धता को लेकर हुई है। हुआ यह भी है कि किसी एक चालाकी के साथ विश्व की राजनीति ने अपने रूप बदल लिये हैं और शक्ति के वैश्विक रूप अमूर्त और हिंसक हो गये हैं। नये और क्रूर अर्थशास्त्र का मिज़ाज असंख्य तनाव पैदा करता है और संघर्ष के पहले ही पराजय सुनिश्चित कर देता है। भूमण्डलीकरण और नये बाज़ारवाद ने सिर्फ़ प्रतिस्पर्धा और पूँजी के वर्चस्व को अमर्यादित हैसियत दी है। मनुष्य की दृष्टि में जब शक्ति-केन्द्र अपने से बाहर 'लोक' में निहित नहीं है। भाषा किसी नैतिक शक्ति का हिस्सा नहीं है, व्यापार और विज्ञापन है।

मैंने बार-बार यह पूछा है कि कविता ऐसे समय में किसका पर्याय

है – अकेली खड़ी लालची संस्कृति का, अकेले खड़े लालची आदमी का, अकेले खड़े अभिजात्य का, मानव विरोधी सूचनातन्त्र का, निजीकरण का ? कवि का अकेला खड़ा रहना सम्भव है लेकिन तब वह कविता की लड़ाई नहीं लड़ता, वह कविता-विरोधी लड़ाई लड़ता है। कविता रचने का पर्याय बराबरी की दुनिया रचना ही है। कविता की भाषा, कविता का मुहावरा, कविता के मिज़ाज बदलने का अभिप्राय मैंने यही समझा है कि कविता की सबसे महत्त्व की लड़ाई ग़ैर-बराबरी वाली दुनिया को बदलने की लड़ाई है।

अपनी कविता की अनेक सीमाओं से मैं परिचित हूँ, उन सीमाओं से मैं निराश भी हूँ लेकिन मनुष्य में अपनी रचनाओं से, मैं ग़ैर-बराबरी और उत्पीड़न के ख़िलाफ़ उमंग उत्पन्न कर सकता हूँ यह ख़याल मुझे विश्वास से भर देता है। मंनुष्य के पास सबसे बड़ी ताक़त समता का पक्ष है। मेरे लिए यही कविता का पक्ष भी है।

इस पुस्तक की कविताओं को बार-बार पढ़कर उनकी सराहना में सुचिन्त्य अभिमत व्यक्त करने के लिए मैं भाई नवलजी (डॉ. नवलकिशोर) का हृदय से आभारी हूँ। अपने मितभाषी स्वभाव के बावजूद उन्होंने मुझे इन रचनाओं की सार्थकता से आश्वस्त किया।

– नंद चतुर्वेदी

30, अहिंसापुरी
उदयपुर (राजस्थान)

अनुक्रम

उत्सव का निर्मम समय

किताब

उस तरह मैं नहीं पढ़ सका
जिस तरह चाहिए
इस किताब में लिखी इबारत

यह किताब जैसी भी बनी हो
जिस किसी भी भाषा में लिखी गयी हो
लेकिन जब कभी पढ़ी जाएगी
बहुत कुछ विलुप्त हो जाएगा

मैं ही कभी
गा-गा कर पढ़ने लगूँगा
कभी अटक-अटक कर
मैं ही बदल दूँगा
उद्दण्डतापूर्वक कभी कुछ

हँसने लगूँगा
इस तरह शब्दों के
हिज्जे लिखे देख कर

बहरहाल उस तरह नहीं पढ़ूँगा
जिस तरह चाहिए

बदल-बदल कर पढ़ने से
किताब का कुछ भी नष्ट नहीं होगा
बच जाएगा
जितना बच सकता है

संकल्प

बार-बार हम समय को दोष दें
म्लान चित्त बहस करें
निर्णय निकालें कि कुछ होगा नहीं
यहीं गाड़ दिए जाएँगे
भूखे बच्चे,
यहीं जला दी जाएँगी
ढोल पीट-पीट कर तरुणियाँ

नरम हथेलियों पर
रक्त की लकीरें लिये
खोदते रहेंगे लोग
पाताल लोक तक ऊँड़े गड्ढे

इस शोकार्त प्रलय की घड़ी में
हम छोड़ें नहीं
सुख की तृष्णा

चिड़ियों के छोटे-छोटे पंखों और
हमारे पैरों में
हवा जिसने भी बाँधी हो
बँधी रहे

पहाड़ भी रहें
स्वाति नक्षत्र के बादल
वहीं घिरें
वहीं जायें
सागर-आकाश की
अथाह उड़ान भरते चातक

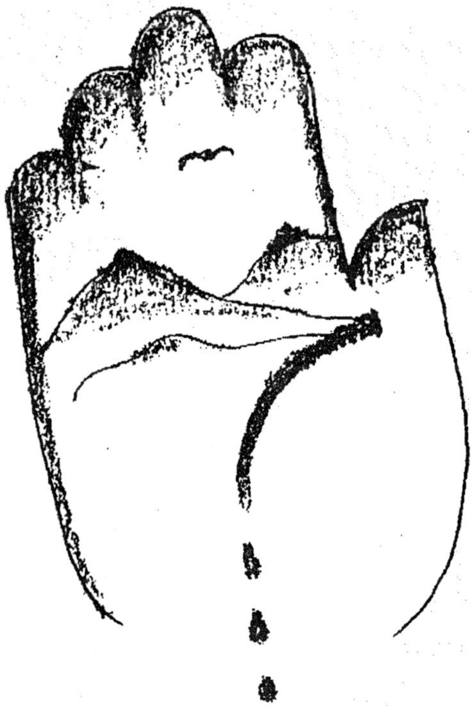

हम अपना पक्ष खुद हैं
समय वकील का चोगा पहन कर खड़ा हो
विदूषक की तरह
बिका हो मणि-कंचन की दुकान पर
तब भी हम छोड़ें नहीं
अपने सपनों का यथार्थ
ऊँचे आकाश तक की छलाँग

सब हमारे पक्ष में हैं

तुम्हारे हाथ अभी थके नहीं हैं
यह कहने का सुख ही
इस कविता का कथ्य है
थोड़े से दिन और हैं
सहने के
फैलाने के लिए यह हाथ नहीं है

निर्द्वन्द्व रहो
यह जंगल नहीं है
न होने दें इसे जंगल
नदी यहाँ नहीं रुकेगी
कोई भी नहीं
इस प्रवाह का
इस चकित कर देने वाली
यात्रा का सुख ही
इस कविता का कथ्य है

किसी को तो छोड़ना ही पड़ेगा
छोड़ना ही पड़ेगा यह सुख
इस नये पत्ते पर इस धुन्ध में
बूँद तो है
सूर्य के भाग्य में यह सुख नहीं है
छिन्न-भिन्न हुआ मन
लौटता है पीछे
पीछे कुछ नहीं है
सन्नाटा है
डर है

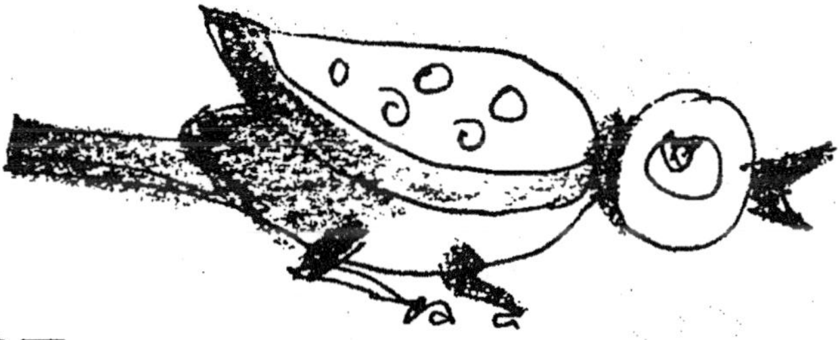

डरो मत
यहाँ दूब है और छोटी चिड़िया
छोटे लोगों को क्या डर है?
क्या डर है भाग्य के मारे लोगों को?
यह शताब्दी क्रूर लोगों की है
लेकिन हमारी भी है
यह युद्ध है
खड़े रहो

कोई पाप आकस्मिक नहीं होता
तुमने होने दिया तो हुआ
सिर्फ़ इच्छाओं से रास्ते बदलते नहीं हैं

सत्ता की हार-जीत
यह दुःख
हमारा नहीं
युद्धरत रहो
जिसे बदलना है
बदलेगा

ये वनस्पतियाँ बदलेंगी नहीं
न यह कृति अनुर्वरा होगी
अब की बार पकड़ लें
हवा, बादल
और भविष्य
सब हमारे पक्ष में हैं

किला

वह किला पूरी तरह ध्वस्त हो गया था
एक पूरे शानदार इतिहास के बावजूद
वे वीराङ्गनाएँ आग में कूद गयी थीं
अपने कृतघ्न और क्लीव पतियों के लिए
जिन्हें प्रेम करना नहीं आता था

वे सुन्दर और अप्रतिम थीं
क्योंकि मर चुकी थीं
और अब वे स्वतन्त्र थे
उनके पति
प्रेम का विरुद गाने को

कोई नहीं था
वह ज़िन्दगी देखने वाला
जो उन्होंने दी थी

वें पैदल आयी थीं
या शिविकाओं में
अकेली-अकेली
या एक साथ
शान्त, विक्षुब्ध या रोती हुईं
अपने पतियों का आलिंगन करके
या उन्हें शाप देतीं
सब से आगे कोई वृद्धा थी
या किशोरी

रोशनी बची थी
और बुर्ज पर कोई पुरुष था

बालक सो गये थे
या चीखते रहे

शान्ति पाठ करने आये तो होंगे
ब्राह्मण
उन्होंने कहा भी होगा
वे फिर यहाँ आएँगी
अपना बचा हुआ जीवन
जीने के लिए

इतिहास सिर्फ़ मौत बताता है
बाद की बातें तो
ज़िन्दगी को ही तलाश करनी पड़ती हैं

पुराना घर

अब मुझे वहाँ नहीं जाना था
पचास वर्ष बाद
चतुर्भुज सिलावट का मकान पूछने

रास्ते कहीं-से-कहीं मिल गये थे
या जिन्हें मैं ही भूल गया था
कैसा मकान और कहाँ

मैंने कहा मैं सुदर्शनलाल जी का पुत्र हूँ
हमारे श्यामा घोड़ी थी
वहाँ मैं चलकर गया
जहाँ वह अब नहीं थी
कभी बँधती रही हो शायद

हमारे घर के पीछे अनार के पेड़ थे
खिड़कियों तक लाल फूल वाले
वहाँ कुण्ड था पीछे
स्फटिक की तरह चमकती सीढ़ियों वाला

दो बहनें
मैंने दूर से देखा था जिन्हें
लाल चूनर वाली—वे
वह अचरज से यह वृत्तान्त सुनता
मुझे देखता रहा
आप बहुत दिनों बाद आये हो
शायद

हमारे रहते-रहते भी
शहर बदल जाते हैं इतने
कुछ बदलता हुआ नज़र नहीं आता
जब हम इतनी जगह रुकते हों
पूछते हों अपने पुराने घर

वे सोये तो नहीं होंगे

वे सोये तो नहीं होंगे
इतनी बातें हैं
इन दिनों उन्हीं से सम्बन्धित
उनके पास रास्ते ही कौन से हैं
कहाँ जगह ?

सोये तो नहीं होंगे
सड़क के बीचों बीच
मरने के लिए
बचा-खुचा जीवन
व्यर्थ नहीं है
वे सोये तो नहीं होंगे

तरतीब से रखता हुआ

इस तरह मैं विचार करता
बचता रहा
वह बुरा आदमी नहीं है
शायद वह बुरा भी हो
लेकिन बुरा तो हो ही सकता है
अगर आदमी है

उसके धनवान होने के सम्बन्ध में
मैं सोचता रहा
परिश्रम से ही मिला होगा
उसे वह धन
न भी किया हो परिश्रम
बुद्धि होगी
न भी हो बुद्धि
भाग्य होगा। न कुछ हो
और धन हो
दिया हुआ या अर्जित
तब भी

मैं अपने सम्बन्ध में
सोचता हूँ। उससे मिलाकर
अर्जित करने के सम्बन्ध में
भाग्य के सम्बन्ध में, बुद्धि के सम्बन्ध में
परिश्रम के और कर्मफल के सम्बन्ध में

उसका मेरा सम्बन्ध
निराशा और मायूसी के

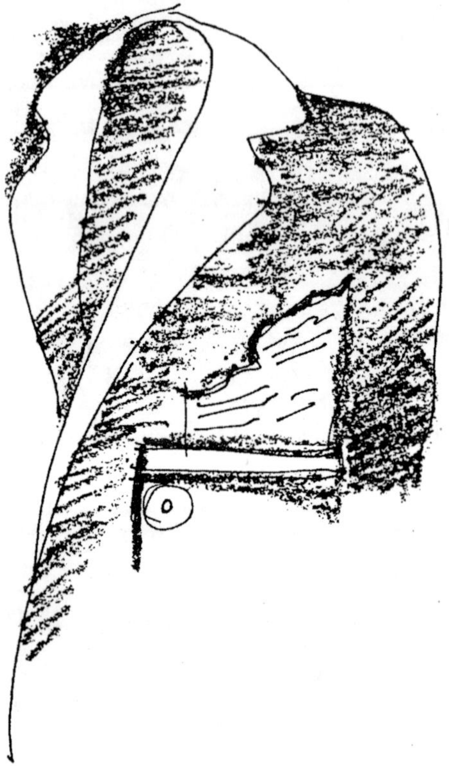

बीच से गुज़रता है
वह मुझे देखकर चला जाता है
एक पुराना मुड़ा हुआ काग़ज़
फाड़ कर
मैं उसे देख कर
अपने चिथड़े हुए कोट की जेब में
हाथ डाल कर
दुनिया के सम्बन्ध में सोचता हूँ
मैं जैसा चाहता हूँ उसे बनाना
तरतीब से रखता हुआ
एक के बाद एक उम्मीद

स्वतन्त्रता-संग्राम का सेनानी

वह स्वतन्त्रता-संग्राम का पुराना सेनानी था
उसने कबाड़ से अपने तेजस्वी दिनों की
तस्वीरें निकालीं
रपटें जो उन दिनों छपी थीं
वह फ़ाइल

घबरा कर उसने उस मकड़ी को देखा
नहीं, उसके गिरफ़्तार होने के सर्टीफ़िकेट
असुरक्षित नहीं थे
वे उस मटमैली टोपी में तह किये रखे थे
जहाँ से वह आठ टाँगवाली
आक्रामक मकड़ी
भागी थी निकल कर

नहीं, पहले कुछ नहीं
अब काँपने लगी हैं अँगुलियाँ
बार-बार नाक पर ऊपर
करते हुए चश्मा
नहीं, पहले कुछ नहीं
अब कितना मुश्किल है
साफ़-साफ़ छपे
बड़े-बड़े अक्षरों में दगकते
उन शब्दों का पढ़ना
स्वतन्त्रता वगैरा

कचहरी के मुंशी ने
इधर-उधर से फ़ाइल देखी
स्वतन्त्रता-संग्राम के सेनानी का
चेहरा-मोहरा
पूछा अब क्या सोचते हो
उसने चौंकते हुए लगभग चिल्लाते हुए कहा
साहब ! अब आपका राज आ गया है

दुःख जब नज़र आता है

दुःख जब नज़र आता है
तब भी नज़र नहीं आता
एक आशा बनी रहती है
अजीब-सी

दुःख के लिए ही लिखी है
हिम्मत न हारने की सूक्ति
दुकानों की सजावट से
मालूम होने लगता है
कितने प्रकार के दुःख देखने हैं
मुझको और देश को

दुःख के अन्तिम दिनों में
फाँसी या आत्महत्या की
इच्छा नहीं होती
मुक्त होने या उठने की
इच्छा होती है

दुःख में ही इच्छा होती है रचने की
भाषा को इस तरह कि
उसकी हद ख़तम हो
सहिष्णुता या विनम्रता की
रहस्य न बचा रहे
जिसे जानने के लिए
कोई लालायित हो बाद में
जो फिर दुःख का कारण बने

आख़िरी टैम्पो में

उसका मुँह अच्छी तरह नहीं देखा
जब वह टैम्पो में चढ़ी
वह सिकुड़ कर बैठी रही
कोई सट कर न बैठे इस उम्मीद में
सब सट कर बैठे थे
नागरिक जन
चरित्र/उजले कपड़े वाले

जब वह टैम्पो पर चढ़ी
मुझे कुछ भी नज़र नहीं आया
हाँफती हुई घबराहट
जो प्रायः माँ को होती थी
सीने पर रखा हाथ
जिसकी फूली हुई नसें
दूर से दिखाई देतीं

उसके चेहरे पर सिर्फ़
लम्बी नाक थी
जो मुझे नज़र नहीं आयी
जब वह टैम्पो पर चढ़ी

अब ज़िन्दगी इतनी बेरहम हो गयी है
सौन्दर्य रहित
मैं उस स्त्री के सम्बन्ध में सोचता हूँ
जब वह मेरे सामने होती है
एक गठरी की तरह बैठी हुई कहीं भी
आख़िरी टैम्पो में
रात लौटती

अपने उदास बच्चों के लिये
सही सलामत
चुपचाप
कोई कुत्ता भी न भौंके
इस तरह सुबह हो
और लगे कि
बहरहाल किसी दंगे-फ़साद में
मारी नहीं गयी

हर बृहस्पतिवार को

मैं तुम्हारा बन्द खिड़कियाँ खुलने तक
इन्तज़ार करता
यह कैसा घर है कितना सुनसान
ब्राह्मणों का घर पवित्र और डरावना

साल-दर-साल
वसन्त में एक चिड़िया आती थी
पुराने फ्रेम में लगी
तस्वीर पर चोंच मारने के लिए
उन दिनों वाली वह विकल चिड़िया
जब भी आती मैं खिड़की खोल देता
एक उदास दिन की साँझ
बचती थी दिगन्त में

खिड़की खुलते ही
इस ऐश्वर्यशाली घर की
सब दरारें नज़र आने लगतीं
ऊपर तक आच्छादित जाले
जीर्ण और रंगविहीन छत
बाहर पत्ते रहित निर्वाक् पेड़

दिन बदल गये हों शायद
पूरी दुनिया के

मैं जल्दी-जल्दी चढ़ता
अपनी छत पर
वहीं से दिखतीं

बृहस्पतिवार के हाट से लौटतीं
स्त्रियाँ
गठियावात से बेहाल
हर वक़्त ठिठुरती, नंगे पैर
इतने से सामान से सन्तुष्ट
पुरुष सिर झुका कर चलते
जेब में रखते
कपड़े में बँधे बीज
आने वाली फ़सल के लिए

ये कौन-सी स्त्रियाँ हैं
कौन-से पुरुष हर बार चलते
थोड़ी ढीली पंडलियों से
कुछ पहले से धीमे गातीं
इन रास्तों पर
हर बृहस्पतिवार को

मैं चुपचाप तुम्हें देखने को
खिड़की खोलता
कहीं पूरा मोहल्ला ही तो देख सुन नहीं लेगा
जहाँ सन्नाटे में
गुज़रती हैं दीप्तिहीन तरुणियाँ
अपनी पतली कलाइयों से पकड़े
पानी भरे गगरे

शाम को निकलते
धँसी आँखों वाले छैले
ताज़ा मोगरे की फूलमालाएँ पहने
रेशमी रूमाल बाँधे
दारू पिये

किसी फ़िल्म में
पिटी लड़की का गीत गाते

खिड़कियाँ बन्द करते ही
तुम चली जातीं
हज़ारों मील के फ़ासले पर
तन्हा बर्फ़ में लिपटी चिड़िया की तरह
सफ़ेद और काँपती

मैं तुरन्त उस अँधेरे और
प्लास्टर गिरे घर में
अपनी पुरानी लालटेन जलाता
सात रंगों वाली लालटेन
देखता कि वहाँ फिर से
चमक गयी हैं
गाँव की वे सब स्त्रियाँ
जो बृहस्पतिवार के हाट से लौटती हैं
बची हुई सूरज की रोशनी में
अपने गाँव की तरफ़ देखतीं
कुछ पहले से ज़्यादा उदास
और धीमे से गातीं
कोई पुराना गीत
पहले टुकड़ों में फिर एक साथ
मिलाकर
अब वे दिन नहीं हैं
और खिड़कियाँ भी खुली हैं
लेकिन इन चौखटों पर
बृहस्पतिवार की थकी स्त्रियाँ
अब तक क्यों खड़ी हैं?

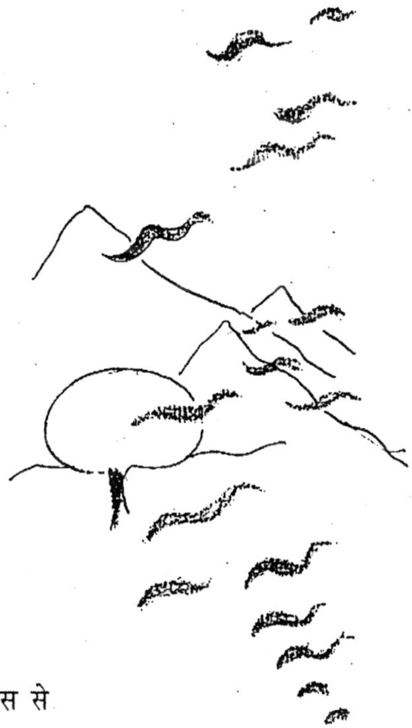

हवा—1

बात करती है हवा
स्थिर, शान्त काल-चक्र से
ध्वस्त खाक-धूल हुए इतिहास से

कोई बोलता नहीं
हिलता है
ज़रा-सा पत्ता, पूरा वृक्ष
अनन्त तरंगों वाला समुद्र

निमिष और अनन्त लौट आते हैं
ऐसे ही लौट आएगी हवा
आकाश में सब कुछ उड़ाती हुई
तब जो बचेगा
छितराया हुआ धुँआ या आलोक
वहीं मैं खड़ा रहूँगा
इस तरह हवा में से हवा को देखता हुआ

हवा–2

चलती है हवा
दिगन्त काँपते हैं
कोई नहीं बचता

नीचे गिरते पत्ते
फल, बिखरते हुए बादल
सब हवा के खेल हैं

नगारा बजाती है हवा
समय का
इकट्ठे हुए लोग
एक-एक सीढ़ी उतरते हैं
फिर दालान और गली
गाँव और शहर
सब बदल जाते हैं

हवा में उड़ती हैं पताकाएँ
आतंक से काँपने लगती हैं
काली, हिंस्र पहाड़ियाँ
सब को कहती है हवा
यहाँ से शुरू करो
शुरू करो यहाँ से

हवा—3

पिताजी!
बन्द कर लें खिड़कियाँ, दरवाज़े
हवा ठण्डी है बर्फ़ीली

युद्ध नहीं करती है हवा
फिर भी मफ़लर बाँध लेंगे लोग
अपना गला बचाने के लिए
खिड़कियों पर गर्द फैली होगी
अंकित होंगे भय के पंजे

छोटा-सा फूल
देखेगा हवा को
बाधा रहित उड़ेगी चिड़िया
अँधेरे से लड़ती है हवा
पेड़ों के बीच गाती
वसन्त के उन्मत्त गीत
अकाल का आर्त्तनाद

हवा हमारे सुख के दिन
बुलाती है
पहाड़ों पर पलाश दहकता है
चमकते हैं दिन

दीपित शिखर

वसन्त मेरा सहचर है
सखा
धूल-धूसरित वीथिकाएँ
नगर और वसन्तसेना
सब कथा है
बीत कर चली जाने वाली
आँधी की तरह अनन्त में

वसन्त एक खिलखिलाती नदी है
उत्तप्त
पत्तों का रंग
कितने रंगों से बना है
क्लान्त पृथ्वी के लिए

दुःख फिर लौट आये तो आये
एक दीपित शिखर पर
खड़ा रहूँगा पलाश की तरह
यहाँ से वहाँ तक देख लूँगा
विलीन होती हुई धूप-छाँह

फ़ैन्सीड्रैस कम्पिटीशन

फ़ैन्सीड्रैस कम्पिटीशन में
मिक्कू विवेकानन्द बना
सब खुश थे
मैं और मिक्कू के माता-पिता
चलो विवेकानन्द बन गया

जब ड्रैस-वैस पहन कर आया
तब सब खुश
एक दम विवेकानन्द
कहीं से भी नहीं रहा मिक्कू
और भी लड़के बने थे
जोगी, जती-संन्यासी

जब कम्पिटीशन हुआ
तब न विवेकानन्द का नाम था
न जोगी का, जती-संन्यासी का
कोई जो सिकन्दर बना था
उसी के नाम पर तालियाँ बजीं
जोगी, जती-संन्यासी और
मिक्कू विवेकानन्द तक ने तालियाँ बजायीं

हमने फ़िज़ूल ही बनाया विवेकानन्द
ऐसा पछतावा करते रहे
मिक्कू के मम्मी-पापा

छतरी वाला आदमी

बारिश तेज़ थी
मेरे पास छतरी नहीं थी

मैं पास वाले आदमी तक गया
जो मुझे सभ्य और उदार लगता था
उसकी छतरी पुराने क़िस्म की थी
ज़्यादा बड़ी और रंगीन
मैंने कोशिश की
वह मेरी ज़रूरत समझे
न बोलूँ तब भी

मैं दूसरे आदमी के पास गया
उसकी छतरी आकर्षक थी
आधुनिक और बटन दबाते ही खुलने वाली
वह मेरी लाचारी पर खुश हुआ

तीसरी छतरी वाला
संन्यासी जैसी मुद्रा में खड़ा था
वह आकाश की ओर देखता था
और जल्दी में था
उसने मुझे नहीं देखा

अन्त में
सिर्फ़ एक छतरी बची थी
फटी और जर्जर
उस भीगते हुए आदमी के पास
मैं ही नहीं गया

बचा रहा

एक बार कहा था तुमने
जिसे मैं समझा नहीं
विवेक से या विचार से

यह वर्जित फल था
अग्नि शाखा पर
पका-अधपका

तुम्हारे स्पर्श से ही
उसमें रंगों का
समुद्र उफन गया था
तुम्हारे स्पर्श से ही
लय का

वह कौन-सा शब्द था
जिसे बहुत पास आ कर कहा था
बच रहा वही सुख
हरे पत्ते की तरह
मृत्यु और महाप्रलय में

विदा दो

शिशिर की धूप में ही
बैठा हुआ हूँ
झुका हुआ है पूरा वृक्ष
ठिठुरन से और
पुष्पभार से
नया होने के लिए

यहाँ वहाँ सरक कर
जाती हुई धूप
हवा की सीढ़ियों पर
बैठी हुई है शाम
मिल गये होंगे थकी चिड़ियों को
अपने पेड़

अगली सुबह तक
विदा दो
जिनके पास कपड़े नहीं हैं
विदा दो
जिनकी रोटियाँ ठण्डी हो गयी हैं
जिनकी बिवाइयों के लिये
मरहम नहीं है
उन्हें विदा दो
उस थोड़ी-सी धूप के लिए

चुन्नू का खेल

चुन्नू अकेला खेलता है
दूसरी तरफ़ कोई नहीं होता
प्रतिपक्ष में
फिर दूसरी तरफ़ आकर खड़ा हो जाता है
दौड़ने लगता है
गेंद भी नहीं होती
बल्ला घुमाता है तब भी
एक नज़र न आने वाली
गेंद की तरफ़

ऐसे भी कोई खेल चलेगा चुन्नू
पहले खड़ा करो उधर कोई
कोई तो भी प्रतिद्वन्द्वी
फिर गेंद-बल्ला
और भागो

इस तरह गिर पड़ता है चुन्नू
गेंद का पता नहीं होता
तो भी
फिर खड़ा हो जाता है
देखा भी हो किसी ने
न भी देखा हो
जब बड़े हो जाओगे चुन्नू!
तब अचरज करने के लिए भी
समय नहीं होगा
तुम ऐसे भागे, गिरे
हवा में उड़ती, उछलती गेंद के लिए

शायद उस समय का
निशान बच जाए कोई
खरोंच का
या पैर मुड़ जाने का दर्द
जब बादल आएँ
या शान्त हो चुका हो सब
बच्चे विकिट समेट कर चले जाए
और खेल के मैदान में
कुछ भी नज़र न आए

उत्सव का निर्मम समय

किसी भी दिन
मैं देखूँगा तुम्हारा चेहरा
जिस पर उत्सव के दिन वाली
उदासी का विवरण लिखा मिलेगा

अब उत्सव के दिन होते हैं
सब से अधिक व्यर्थ
चोर की तरह ले जाने वाले
एक स्मृति बची-बचाई

उत्सव में कौन आएगा
वसन्तसेना, वासवदत्ता
माइकल जैक्सन, चिदम्बरम
या जंगली सूअर
वह नहीं आएगी क्या
विश्व-सुन्दरी
क्या तो भी
नाम है जिसका

उत्सव के आतंक में
गाँव पतझड़ के पेड़ जैसा

दरिद्र और निस्पृह हो गया है
औरतों के कंधों पर नंग-धड़ंग
बच्चे बैठे हैं
लज्जा से
अपनी नुन्नी दोनों जंघाओं में छिपाये

दिल्ली कहाँ है जहाँ उत्सव है
वहीं राष्ट्रपति हैं
राष्ट्र कहाँ है
उसकी आँखों में सूर्य-चन्द्रमा हैं
खेतों पर पड़ी दुःख की लम्बी छायाएँ
रोटी के आकार का राष्ट्र
बची-खुची आकांक्षाओं का उत्सव है

वे थक गये हैं
उत्सव के एक दिन पहले
सड़क पर गाँव वाली लड़की की लाश मिली थी
बच्चे को चिपकाये अपने स्तन से
उत्सव के एक दिन पहले
लड़कियाँ ट्रक में भर दी गयी थीं
वध-स्थल पर ले जाए जाने वाले
मेमनों की तरह

कौन-से उत्सव से आयी हो
वसन्तसेना!
कौन-सा उत्सव है
इन दिनों
इस अँधेरे की राजधानी में

ज़रा धीरे चलो, प्रिय!
धीरे चलोगी तभी नज़र आएगा

यह वीरान
और तुम्हारे पार्श्व में
तुम्हारे साथ-साथ
चलने वाला
उत्सव का निर्मम समय

साहब–1

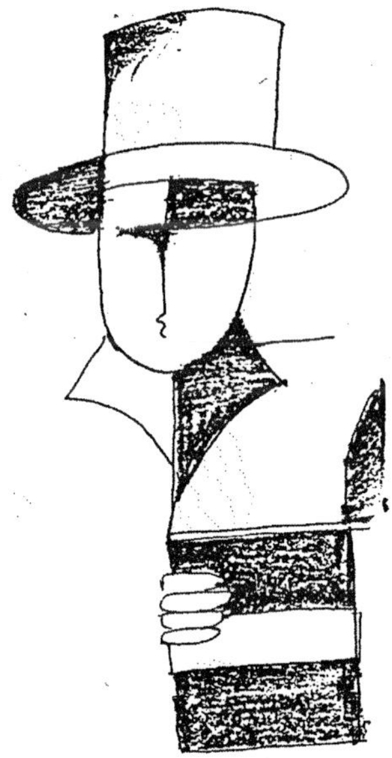

तुम लोग समझते नहीं हो
यह कहकर साहब किंचित
खिन्न हुआ
हँसा भी
साहब को खिन्न देख कर
हम भी किंचित खिन्न हुए
हँसता देख कर हँसे

साहब ने कहा–तुम लोग समझते नहीं हो
यह कहकर साहब अन्दर चला गया
बहुत देर बाद लौटा

एक बड़ी फ़ाइल उठा कर लाया था साहब
इस बार कुछ ज़्यादा ही विचलित होते हुए
उसने कहा
यही तो दिक़्क़त है तुम लोग समझते नहीं हो
यह बात दुबारा या तिबारा कही थी
साहब ने
इसलिए हम अपनी कम समझ के बारे में
समझने की कोशिश करते बाहर चले गये

दूसरे लोग जब साहब से मिलने गये
उसने हमारी बहुत प्रशंसा की
उसने कहा, वे बहुत समझदार थे

साहब—2

साहब को देख कर
हम दंग रह गये
उनकी मूँछे बिल्कुल अलग तरह से
तराशी गयी थीं
पहले जैसी नहीं
बहादुर रण-बाँकुरे की सी
ऊपर की तरफ़ मुड़ी हुईं

साहब का मनोबल ऊँचा था
उसने हमें आदर दिया
उसकी टेबल पर इस बार
दूसरी तस्वीरें लगी थीं
जिनकी तरफ़ वह बार-बार
ललचायी नज़रों से देखता था

दूसरे रंग की जिल्द वाली पुस्तकें
दूसरा लिबास

साहब ने जैसे आत्मालाप
करते हुए कहा
'वंडरफ़ुल पीपुल'
फिर हमारी तरफ़ मुखातिब होकर
'सफ़ाया'
हम झुके और साहब की तरफ़ देखा
उसने विनम्रता के साथ
हमें बाहर धकेला
और दरवाज़ा बन्द कर लिया

आह! ह्वेनसाँग

पारिजात के वन बारूद की सुरंगों में धधक रहे हैं
प्रत्येक देवदारु के नीचे मृत्यु निःशंक खड़ी है
ह्वेनसाँग क्या तुम इन्हीं मार्गों से भारत आये थे ?

इस पीढ़ी के बालकों ने इतिहास के उन पृष्ठों को फाड़ दिया है
जहाँ तुम्हारे देश का नाम लिखा है
तुम्हारी आकृति पर न जाने किन काले-पीले या नीले
रंग के चिह्न अंकित कर दिये हैं
आह ह्वेनसाँग! उन्हें यह समझाना कठिन हो गया है कि
तुम कोई आक्रान्ता नहीं थे
यायावर थे

सुनो ह्वेनसाँग! घृणा विष है
और वह फैल रहा है
युवक इन दिनों प्रेम, शृंगार और युवतियों की बातें
नहीं करते हैं
वयस्क और वृद्ध तेज़ चलते हैं
तीखे बोलते हैं और अकारण छड़ियाँ घुमाते हैं
युवतियाँ कुछ भिन्न प्रकार से जूड़े कसती हैं
जनता अनभिव्यक्त व्यथा
आक्रोश और प्रतिशोध

मुट्ठियाँ तान-तान कर व्यक्त करती है
बुद्ध को सब श्रद्धा से नमस्कार तो करते हैं
लेकिन बन्दूक़ चलाने की दीक्षा लेते हैं
क्योंकि वे छले गये हैं

आह ह्वेनसाँग! माओ-त्से-तुंग ने सेतु नहीं बनाये हैं
उन्होंने इतिहास की निरर्थक सरणियाँ दुहरायी हैं
क्योंकि उन्हें यह नहीं मालूम कि इतिहास की
स्याही रक्त नहीं है

हिन्दुस्तान ने युद्ध लड़े हैं, ह्वेनसाँग !
किन्तु वे युद्ध ही थे
अब युद्ध और घृणा दोनों हैं
युद्ध याद नहीं रहते
लेकिन घृणा घायल सर्प है
जो इतिहास के द्वार पर बार-बार
आहत फन पटकता है
और जनता शस्त्र उठाती है

तुम भारत से अपरिचित नहीं हो ह्वेनसाँग
उसका आकाश अभी भी स्वच्छ और नीला है
लेकिन भविष्य की अनेक पीढ़ियों की शिराओं में
यह जो घृणा का रक्त बहेगा
उसका दायित्त्व कौन सँभालेगा
दुःख है, ह्वेनसाँग जब बन्दूक़ें उठती हैं
लोग बुद्ध को भूल जाते हैं

– भारत-चीन युद्ध के समय लिखी कविता

कोई दुर्घटना हुई है

लोग उदास क्यों हैं
क्यों चल रहे हैं लँगड़ाते हुए
दबे सहमे
शब्द रहित
कोई दुर्घटना हुई है

कोई पेड़ सूख गया है क्या सहसा?
सहसा कोई नदी प्रवाहरहित हो गयी है?
कोई जलाशय डूब गया है
अतल अन्धकार में?

कुछ तो हुआ ही है मेरे भाई! कुछ तो
कुछ तो दब ही गया है इन पत्थरों के बीच
पत्ते एकदम रक्तहीन हो गये हैं, भूरे
ऋतुओं के हरे पत्ते
बादलों का जल मैला हो गया है
लड़के खामोश हैं
हिरणियों की तरह उछलती लड़कियाँ
रेंगती हुई चलती हैं, बीमार और शोक में डूबी हुईं

हो तो गया ही कुछ वर्षों का बीत जाना
एक-एक दिन मिट्टी में मिल गया है

एक-एक तस्वीर दिन की साक्षी में बनायी हुई
सन्नाटे में गारत हो गयी है
ज़मीन में बोने के लिए
कोई बीज बचा नहीं है
अगली यात्रा के सारे मुहूर्त
झूठ और फ़रेब की बग़ल में बैठे हैं

सवालों के उत्तर
अफ़सरों की जेब में हैं
घोड़ा पूँछ हिलाता बाजार में खड़ा है
युधिष्ठिर महाराज! आपका रथ
एक बालिश्त
ज़मीन में उतर गया है

ऐसा समय है
बिल्कुल रुका हुआ
(तो भी) पेड़ों पर हवाओं का दबाव है
जल काँपता है थोड़ी-थोड़ी देर बाद
शायद सारी ऋतुओं की मृत्यु नहीं हुई है

मेरी कविता!
सूर्य जब तक शेष है
तुम रोशनी का हिस्सा बनी रहो
मेरी कविता! इतिहास जब
निःशब्द होने लगे
तब तुम एक सार्थक शब्द बनो
चाहे हवा, चाहे आकाश, चाहे अग्नि

मृत्यु पर माँ की

तुम मरी नहीं
मर कर भी

तुम अपनी तर्ज़ पर जीती रहीं
अपनी धुन राग-लय
गाती, बनाती

चुपचाप तुम देखती थीं
खिड़कियों से
जाती हुई सर्दियाँ
आती हुई वसन्त की
नयी कोपलें
छोटे-छोटे फूल
फिर जो बड़े हो जाते
आकार लेते फल

लौट कर तुम्हारे
मन में
फिर जीवन की अग्नि
धधकने लगती

इस बार भी तुम

किंचित भी खिन्न नहीं थीं
जब यमदूत
आ गये थे

सारी पृथ्वी
पलाश की तरह
धधकती रही
अग्निवर्ण चन्द्रमा के प्रकाश में
तुम्हारा दाह-कर्म कर के
मैं लौट आया था

आतंक

उसने एक कविता लिखी
राष्ट्रभक्ति की
जब वह पढ़ी जाने लगी
तब वे सब लोग खड़े हो गये
दुबले-पतले, काले-कलूटे, भूखे,
अनपढ़
उम्मीद के ख़िलाफ़
वे खड़े हो गये

तब अफ़सर ने कवि के कान में क़हा—
इसे न सुनाएँ
यह कोई कविता नहीं
कवि डर कर बैठ गया
या यह अफ़सर का
आतंक था
लेकिन कभी-कभी इस तरह भी होता है
कविता का अन्त

शिशिर—1

पहाड़ की पीठ पर बैठा है
शिशिर का सूरज
हाट-बाज़ार से दिन रहते
घर पहुँचने की जल्दी में हैं सब
वे भी
जिन के नज़दीक हैं घर तो भी

नदी के पश्चिम मोड़ पर
हवा से बात करने के लिए
रुकी हुई है दिवसान्त की आभा

घुर्र-घुर्र करती रुक गयी है
गाँव को जाती
आख़िरी बस
एक उदास प्रतिध्वनि के साथ

कन्धों पर उनकी यात्राएँ अभी भी हैं
जो उन्होंने निश्चित नहीं की थीं
किसी भी दिन नहीं सोचा
वे व्यर्थ गयीं
या यह कि वे सतरंगी होतीं
खुले रास्तों पर
चन्द्रमा के साथ

धीरे-धीरे विस्मय और अन्दाज़ से चलते
मुक़ाम पर पहुँचे तब

डरी ठिठुरती चिड़ियाँ
उन्हें पहचान कर
वृक्षों पर लौट गयी थीं
लोग वे ख़बरें सुन चुके थे
वही बार-बार उस तरह की
उस तरह की
जब उद्‌घोषिका कहती थी—
बर्फ़ पड़ने के बारे में
फिर थोड़ी सुन्दर लगती
शुभरात्रि

शिशिर—2

शिशिर ने माँ से कहा
लीलावती किवाड़ खोलो
सूरज की किरणों का
कोट पहने खड़ी थी हवा
धुँध की छोटी-छोटी डोरियों से बना था
सुनहरी रोशनी का मण्डप
दुपहर से शाम तक
वृक्षों के बीच
निश्चिंत सोया था दिन

माँ छत पर गयी
सुखाई हुई दाल समेटने के लिए
चिड़ियाँ जिन्हें चुगती-चुगती
उड़ गयी थीं
शाम के रंग जिनके पंखों पर
चमक कर
विलीन हो गये थे
पीले पत्तों का ढेर आँगन में लगा था

शिशिर जब बीत जाएगा
लम्बे दिन होंगे
पेड़ों की रोशनी-छायाओं से लिपटे
माँ अपना पुराना स्वेटर रखेंगी
जतन से सन्दूक़ में

प्रेम के बारे में

हवा से मैंने प्रेम के बारे में पूछा
वह उदास वृक्षों के पास चली गयी
सूरज से पूछा
वह निश्चिंत चट्टानों पर सोया रहा
चन्द्रमा से मैंने पूछा प्रेम के बारे में
वह इन्तज़ार करता रहा
लहरों और लौटती हुई पूर्णिमा का

पृथ्वी ही बची थी
प्रेम के बारे में बताने के लिए
जहाँ मृत्यु थी और ज़िन्दगी
सन्नाटा था और संगीत
लड़कियाँ थीं और लड़के
हज़ारों बार वे मिले थे और कभी नहीं

समुद्र था और तैरते हुए जहाज़
एकान्त था और सभाएँ
प्रेम के दिन थे अनन्त
और एक दिन था

यहाँ एक शहर था सुनसान
और प्रतीक्षा थी

यहाँ जो रह रहे थे कहीं चले गये थे
थके और बोझा ढोते
जो थक गये थे लौट आये थे

यहाँ राख थी और लाल कनेर
प्रेम था और हाहाकार

कविता तुम सार्थक रहो

हाहाकार करते समय के पास
दुःख का पेड़ खड़ा है
वहीं से तोड़ता हूँ तुम्हें देता हूँ
सारे कसैले, कड़वे
कैंसर की तरह जीभ, तालू, कण्ठ
वक्ष, नाभि, पूरा रक्त, पूरी त्वचा को
आग की तरह जलाने वाला फल

कितना डर लगने लगा है
यह कहते
लो यहाँ बैठो इस सघन पेड़ की छाया में
चिन्ता रहित रहने दो मन
गिरने दो पहाड़ों पर मूसलाधार पानी
नहीं, नहीं यह कौन कहेगा

मर्द दिन भर हिसाब लगाता है
कौड़ी-कौड़ी का
औरत बूँद-बूँद तेल के लिए तरसती है
लड़का पिता को बेहिसाब गालियाँ देता है
लड़की दाँतों के बीच ज़िन्दगी की रेत पीसती है
सत्ता की कुतिया मक्खियों से घिरी है
फ़ाइलों में उसकी लटकती दुम पर
शोध-कर्ता, मीमांसक, तत्त्ववेत्ता, दार्शनिक
कवि विमुग्ध-मूर्छित हैं

इस देश में—हमारे लक्ष्मी-प्रिय देश में
चप्पा-चप्पा भूमि व्यवस्था के दलालों ने
अपनी जीभ के नीचे रख ली है
राज-सिंहासन पर बैठे वे
हमें बग़ावत के लिए घासलेट देते हैं
सिपाही को बन्दूक़
लम्पटों को बोलने की जगह

फसलों की गन्ध के लिए
तरसते घूमते हैं लोग
नदियों में अन्धाधुन्ध पानी
मौत के लिए कोई जगह नहीं छोड़ता
आरामदेह कुर्सियों के नीचे
अफ़सरों का जूता और जनता का भाग्य है
बाज़ार के बीचोंबीच मृत्यु-रथ खड़ा है

हर दुर्घटना के लिए उनके पास तर्क है
हर हिमपात में वे सुरक्षित हैं
सारे नरक दूसरों के लिए हैं

मेरी कविता ऐसे खिन्न तथा निष्फल समय में
इस अन्धकार के ठिठके हादसे के इर्द-गिर्द
एक गर्म शब्द, ईंट, पत्थर
किसी भी तरह रहो
यह त्वचा बचाने का समय है
अलंकरण का नहीं

मेरी कविता! ऐसे समय जब
आदमी असहाय हो
तुम सार्थक रहो, शस्त्र रहो

छोटी चिड़िया : तीन कविताएँ

1.

छोटी चिड़िया
यह तुम्हारा वर्ष है
हमने जब सब कुछ तुम से
ले लिया है
तुम्हारी ज़मीन, हवा
जंगल, वृक्ष, आसमान, चुग्गा, पानी
शब्द और बोली
तब तुम्हें दे दिया है यह वर्ष

छोटी चिड़िया
हमारी दुनिया निपट पाप की है
हम भेड़ियों का मुख लगाये
कीर्तनकार हैं

हमें कुछ भी याद नहीं
अपने समय की धूप-छाँह
हवा-जल
गीत, कविता और सपने
अपने ध्वस्त वर्तमान के नख से

तुम्हारे सारे पंख नोंच कर
तुम्हें लौटा दिया है यह वर्ष

छोटी चिड़िया
बाज के पंख और पंजों से
आच्छादित है आसमान
और मेरा मन बिल्कुल नहीं बदला है
यह वर्ष तुम्हें देते हुए भी

2.

छोटी चिड़िया
तुम्हारे पंखों में बँधा है आकाश
तरंगवती नदी

तुम जब उड़ोगी या बैठोगी
किसी डाल पर
निडर
तभी चुपचाप आएगा व्याघ्र
और मृत्यु
छोटी चिड़िया
तुम शायद कभी नहीं सुनोगी
इस सभा-गृह में पढ़ी गयी
यह शोक कविता
तुम तक नहीं पहुँचेगा
आकाश का दुःख
नदी का रोना
पेड़, पत्तियों, वन-वनस्पति का क्रोध

छोटी चिड़िया
कोई भी हो व्याघ्र या कि व्याध
भेड़िया या बिल्ली
वे अब काँपेंगे इन रास्तों पर चलते हुए
जहाँ तुम्हारे कोमल पंख बिखरे हुए हैं
धधकती हुई अग्नि की तरह

3.

छोटी चिड़िया
जिस किसी दिन तुम
उड़ती-उड़ती सूर्य-रथ की ध्वजा पर
जा बैठोगी
उस दिन
यहाँ पृथ्वी पर तमाम गुलमोहर
झुलस जाएँगे
हवा काँपती रहेगी
वृक्ष-पत्तों पर

छोटी चिड़िया जो कुछ यहाँ रह गया है
रूप, रस, गन्ध और शब्द
वह सब तुम्हारे पंखों का संगीत है
तुम्हारे पंखों में बँधे हैं
रोशनी के पुल
सपनों के द्वीप-द्वीपान्तार
ऋतुओं का पदचाप
फूलों का जुलूस

बहुत छोटी होती हुई दुनिया में
तुम्हीं होती हो
उद्दाम यात्रा की तटहीन नदी
एक स्मृति
अन्तहीन विस्तार वाला आकाश

अन्धकार होने के पूर्व

कितनी देर हो गयी है
जल्दी करो कुछ तेज़ भी चलो
अन्धकार होने के पूर्व वहाँ पहुँचो
नहीं तो वह नदी की धार
तेज़ हवा में उछालें मारता जल
दिख नहीं पाएगा

मैंने किसी से कहा नहीं
और आज भी कहने में
निर्लज्जता ही है अपनी आत्मा का भेद
और वे स्वप्न जिन्हें सूर्य तक को
देखने नहीं दिये मैंने

वे सब वहाँ हैं
उन सब को देखकर यह लगता है
जैसे उनकी प्रार्थना हमारे लिए है
वे हमारी स्वप्न गाथा लिख रहे हैं

मुझे कहना नहीं था
लेकिन मुझे भय है
अँधेरा होने के साथ
तुम यह देख नहीं सकोगे
यह उपासना-गृह नहीं
यह सरकारी कार्यालय है
ज़रा जल्दी करो
यह चक्की खुरदरा आटा पीसती है
यहाँ तमाम प्रार्थनाएँ बदशक़्ल हो जाती हैं

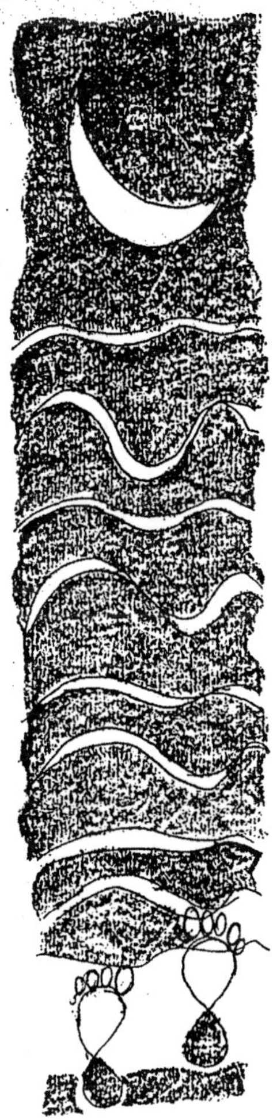

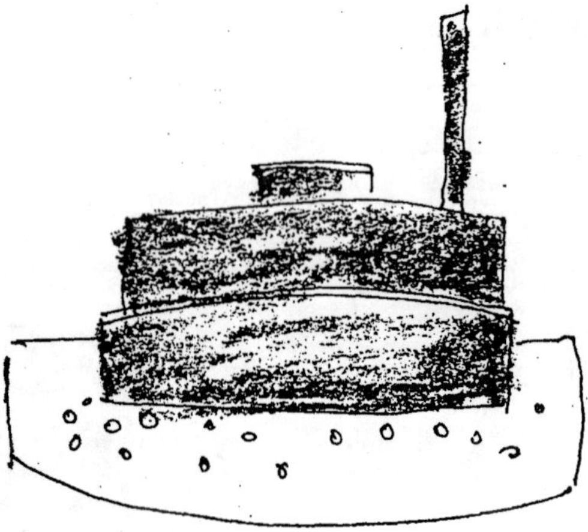

तुम से मैंने कहा तो नहीं था
लेकिन तुम्हारी हमारी यात्रा का
सिर्फ़ एक ही सिलसिला
एक ही अन्त था
गरम रेत में हमारे झुलसे हुए तलवे
आयु के इस उत्तरार्ध में
जब तुम्हें शायद आशा भी नहीं होगी
हम मिलेंगे—मिले
और यह कैसी सान्त्वना है
तुम्हें देने के लिए मेरे पास
अब केवल 'हिंसा' का शब्द है

कितने क्षीण प्रकाश वाला
चन्द्रमा यहाँ है
मैं कहता हूँ ज़रा जल्दी करो
कुछ तेज़ भी चलो
अन्धकार होने के पूर्व

सड़क—नदी नहीं है

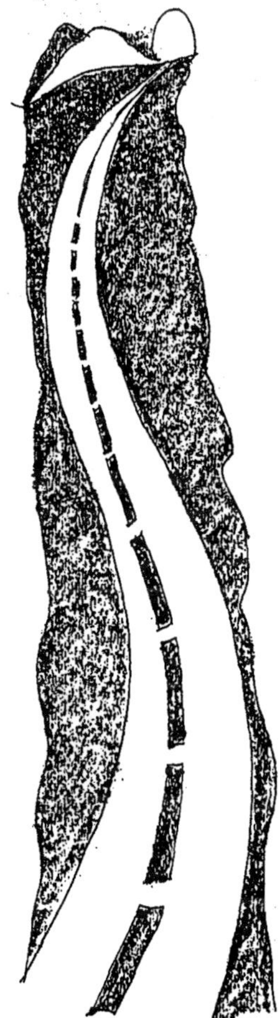

यह शोक-विह्वल क्रुद्ध सड़क है
खड़ा रखती है कोई भी ऋतु हो
मैं जानता हूँ दुर्घटना और सुयोग
दोनों यहीं होंगे
यहीं अघटित घटेगा
राज-सिंहासन पर बैठे लोगों के
पैरों में कील यहीं चुभेगी

जिन्हें प्यार होगा देश के भाग्य से
यहीं होंगे
रंग नहीं बदलेंगे
गले में नहीं होगा यज्ञोपवीत
रसदार फलों से भरी गाड़ी के पीछे
भिखमंगों की तरह नहीं दौड़ेंगे
वे ही सिंहासन पर बैठेंगे
जाएगी ज़रूर वहाँ तक एक दिन सड़क
इस अँधेरे के बीच से गुज़रती हुई
सूरज की प्रभामयी लाल आँख तक

बुद्ध डर गये थे
मृत्यु का वृक्ष हथेली पर रखकर
ढूँढ़ते फिरे जंगल-दर-जंगल
छाया-सुख और मोक्ष

अब जो लोग चलते हैं वहाँ
नंगे पैर
यहाँ एकदम बहते हुए डामर पर
अपने पैरों के तलवे से
आग का झरना चिपकाये हुए
वे न डरेंगे न भागेंगे ही
पुत्र से, पत्नी से, मृत्यु से
जरा से या जन्म से
समय से दग्ध या कातर नहीं होंगे

अपने समय का अस्वीकार नरक है
मनुष्य वृक्ष पर चिपका पत्ता नहीं है
नीले जल वाली नदी नहीं है सड़क
यहाँ जूतों की रगड़, लहूलुहान पैर
अपमान की दुर्घटनाएँ हैं
वे जो यहाँ चलेंगे पहचाने जाएँगे
अपने उत्साह और पराक्रम के लिए
अपनी पहचान खोकर चले जाएँगे
उन्हें देख लेना कोई शिनाख़्त तक नहीं करेगा

हमारी यात्राओं का यथावत भयावह एकान्त
सन्नाटा यहीं टूटेगा
मोर्चे के लिए ज़मीन यहीं कटेगी
हम अपने सु-दिनों के लिए
यहीं खड़े रहेंगे और इन्तज़ार करेंगे

वसन्त में होना

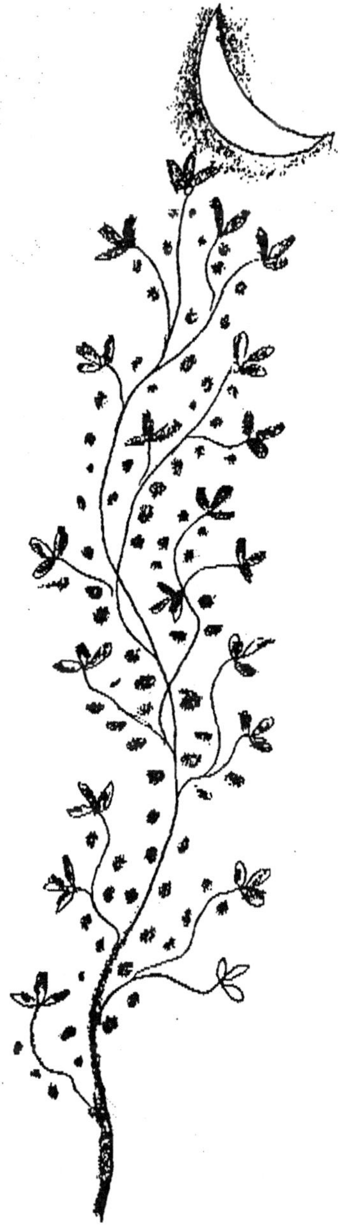

वसन्त में मैं
पुनर्जन्मों की स्मृति में
होता हूँ एक कोंपल
देह होती है
नदी आतुर, तरंगमयी
बहती हुई रेत में उतरती
हँसती हुई

वसन्त में बीत जाने देता हूँ
निर्गन्ध अतीत
अगति, शीत
पुनर्जन्मों की स्मृति में होता हूँ
उल्लसित, दग्ध प्रज्वलित
अग्निवर्ण पलाश

वसन्त का सूर्य ही होता है
सिर्फ़ सूर्य
न डराता है
न पैदा करता है दुःख
न द्रवित करता है
यहीं होता है
इसी डाल पर
एक-एक किरण बोता है
गहरे भीतर
ताप देता है पृथ्वी के लिए

इसी वसन्त में मैं
पुनर्जन्मों की स्मृति में होता हूँ

देह से भिन्न
देहान्तरों के बीच
एक काँपती अभुक्त तृष्णा
ढूँढ़ता हूँ हवाओं की साक्ष्य
होता हूँ गाछ-पत्ता
फैलता हूँ उन्हीं पुनर्जन्मों की स्मृति में
होता हूँ आकाश

तुम्हारे लिए मैं नहीं लिखूँगा सोने की चिड़िया

तुम्हारे लिए मैं नहीं लिखूँगा
सोने की चिड़िया
पराजय और निराशा के दिनों में भी
मैंने ललचायी दृष्टि से नहीं देखा
जैसे अमूमन देखते हैं
सोने की चिड़िया का कलेवर

मैंने कोई सम्बोधन नहीं चुना
असंख्य तरह से मैंने देखा है तुम्हें
आशा, निराशा में,
संघर्ष में, अपमान, अनिच्छा में,
बर्बर आक्रान्ताओं की हँसी में,
प्रतिशोध में

नदियों तक गया
उफनती और सूखती
अकाल के दिनों तक
मेघ-छाया में
चिथड़ों तक में मैंने देखा है तुम्हें
सूने राजपथों पर हाथ फैलाये

भूखे बच्चों के अविरल आँसुओं के साथ

अब भी वही दिन हैं
भय के
संदिग्ध राजपथों पर
निर्भय, निरंकुश पद-ध्वनियों के
सारी गमगीन संध्याओं के बीच चलने के
देखने के
अपनी बाहुओं में
टहनियाँ, फूल-पत्ते समेटे
यहाँ बची हो हमारे भाग्य से
दुपहर की धूप
बचा हो पहाड़ का
उन्नत शिखर
जहाँ से नज़र आ जाएँ
गन्ने, कपास के खेत

दुपहर की धूप जैसे उतरती है
उदासी की सीढ़ियों पर
ठण्डी होती
मैं तुम्हारा इतिहास देखता हूँ
दुःख के अक्षरों में
मन्दिरों के स्वर्ण-कलशों पर
डूबते दिनों की क्लेशपूर्ण छाया में
संदेह की दृष्टियों में छिपी
रिवाल्वर और मृत्यु में

चुपचाप निकल कर जाना भी तो
मुश्किल है
उन सब को देखते हुए

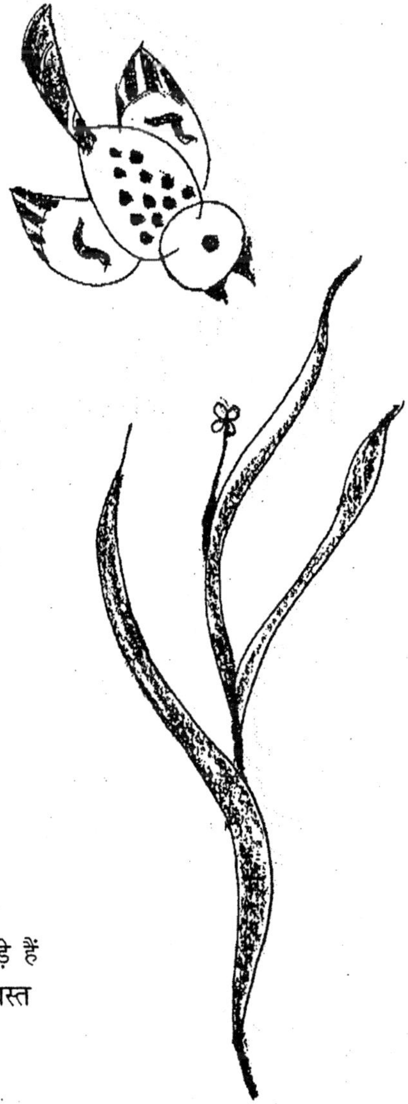

जो अनिश्चित जगह पर
अपनी पृथ्वी को बचाने के
निश्चय के साथ अडिग खड़े हैं
उन तमाम उद्विग्न, संशय-ग्रस्त
लोगों के साथ
मेरे देश
मैं तुम्हें सम्बोधित करता हूँ।
उल्लासमय क्षितिजों
असंख्य लहरों वाले समुद्र के लिए

चोरी

अनाथालय से निकलते बच्चों को
देखता हूँ
अमरूद और पके लाल अनारों पर
बुरी दृष्टि डालते
'लालच की आँख से मत देखो
हमारे अमरूद'
कहने को तो कह ही सकता हूँ
मेरी तृष्णा और चोरी
कुछ ज़्यादा अलग नहीं है

शब्द एक खेल है
तिलस्म जैसा
दूसरों पर आक्रमण करूँ
छिपूँ अपनी चादर के पीछे

किसी वक़्त कोई डरता होगा
शब्द से
संन्यासी या कवि
सिर फोड़ लेता होगा
चिमटे से या सत्य से

अब लज्जा, चिथड़े
जूते बह गये हैं वर्षा-जल में

मैं अनाथालय के बच्चों से
कहने के लिए दौड़ता हूँ
रुको, अमरूद मत चुराओ
लेकिन मेरे पेट में
गाँठ पकती बढ़ती है

दीर्घायु हों

अकाल और भूख के मारे लोग
दीर्घायु हों
सुख के एक-एक सपने के लिए तरसते
ललचाते भाई-बहन
दीर्घायु हों

आश्वासन के आनन्ददायी भाषण देने वाले
वक्तागण
दीर्घायु हों

सूखी बंजर ज़मीन पर
ऋतुओं के रसीले गीत गाने वाले
कवि-पुत्र
दीर्घायु हों

जूते रगड़ते दफ़्तरों के बाबुओं की
मैले और पैने दाँत वाली हँसी
सहने वाले
बेकार युवक
दीर्घायु हों

टूटे हैण्डपम्प पर
चुल्लू भर पानी के लिए
सिर फोड़ती कुलवधुएँ
दीर्घायु हों

कैरोसीन के इन्तज़ार में
खाली डिब्बे पीटते
क्यू में खड़े
पैन्शनर
दीर्घायु हों

हर विपत्ति में
हनुमान चालीसा का पाठ करने वाले
निठल्ले भक्त-जन
दीर्घायु हों

कामसूत्र की रसीली बातों से
किशोरियों के मन जीतने वाले
साधुजन
दीर्घायु हों

दीर्घायु हों
आँकड़ों के खंख वृक्ष पर
लटकते बुद्धिजीवी
दीर्घायु हों

दीर्घायु हों
दुर्घटना में मरी पत्नियों का
मुआवज़ा माँगने वाले
विधुर
दीर्घायु हों

दीर्घायु हों
हमारी कंगाली पर राजनीति करने वाले
देशभक्त
दीर्घायु हों

दीर्घायु हों
हर अवसर पर
हमारी दीनता के लिए
शुभ कामनाएँ देने वाले
बातूनी पोपले मुँह वाले
मृदुभाषी राजनेता
दीर्घायु हों

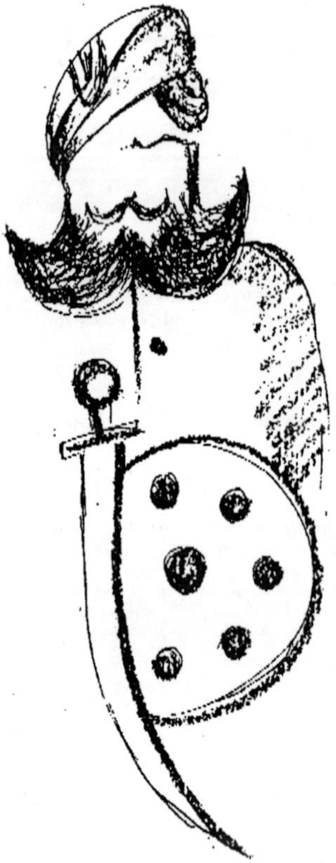

योद्धा

वह योद्धा था या नहीं
बना दिया गया था
अब वह रोज़ मिलाने लगा
अपनी शक़्ल किसी योद्धा से
मूँछें ले आया कई-कई तरह की
लम्बी और नुकीली
आधी गोल और घुमावदार बाद में
लेकिन बहुत सजधज कर भी वह
पिछली सदी का लगता

शानदार उन्नीसवीं सदी के
विज्ञापन की तरह वह बोलता
चलता अठारहवीं सदी के
सैनिक की तरह

जब पुराने किले के
तरतीब और आकर्षक शिल्प से
जमाए गये पत्थर
गिरने लगे
उसे अचानक लगने लगा
उसके घुटनों में दर्द है
वर्तमान का युद्ध पेचीदा और
दूसरी तरह का है

नब्बे बरस की माँ

नब्बे बरस की तो रही होंगी माताजी
मैंने कहा—माँ नब्बे बरस की थी
यह सन्तोष देने के लिए बहुत था
वे जो दुःख में आये थे
पहले से ही दुःखरहित हो कर

मैं भी यह माँ से कहता रहता था
जो न आयु की गणना जानती थी
न दीनता
जिसे पछतावा भी नहीं था
नब्बे वर्ष की होने का
ज़िन्दगी के साथ ही बाँध लिया था
जिसने
यह रागातीत पराक्रम

जब मैं कुछ वर्षों का हो गया
तब भी माँ ने पेटी नहीं खोली
जिसमें वे सिक्के रखती थीं पुराने
एक-एक कल्दार रुपैया
अठन्नियाँ और हमारे पुराने फ़ोटो
अँगुली पकड़े हुए पिता की
कोट जिसके बटन टूट गये थे

रुई की बगल-बंदियाँ
जिनकी कसें अलग-थलग हो कर
उलझ गयी थीं
या उधड़ गयी थी—जिनकी सींवन

इस तरह माँ की पेटी में
बन्द रही बेटों की आयु
माँ नब्बे वर्ष की हो गयीं

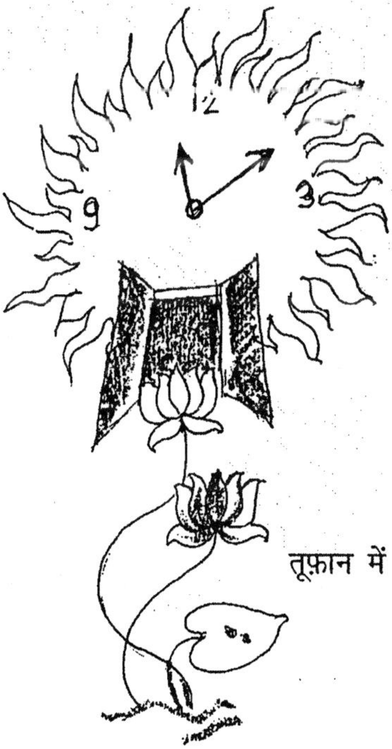

यह समय मामूली नहीं

यह समय मामूली नहीं
ठीक सूर्यास्त के समय
पूरी किरणें गिनी जा सकती हैं
प्रवाह भी ऐसा वैसा नहीं
तूफ़ान में लोग धीरज और पूरे आत्मबल के साथ
धिक्कारते हैं आततायी, अन्यायी को

यह समय मामूली नहीं
भयाक्रान्त लोग भाषा व्यवहार के
सारे हिस्से को अपने पक्ष में करते हैं
वे बोलते नहीं
लेकिन बोलने वालों की आँख में आँख डाल कर
पूछते हैं सवाल

यह समय मामूली नहीं
जिन्हें पुराने काग़ज़ बहीखाते
निकाल कर देखने हों देखें
भूतकाल में बाप-दादाओं के चेहरे
अच्छे लगते हैं और जुड़ा हुआ
चक्रवर्ती ब्याज
जब आख़िरी घड़ी आती है
यही होता है

आयु की फ़सल और जन्मपत्रियों पर
टिकती हैं लालची आँखें

यह समय मामूली नहीं
इतना बवण्डर धूल-धक्कड़ एक साथ
एक ख़ास क़िस्म का अभ्यास करना पड़ता है
चलने के लिए
कुछ नज़र नहीं आता
पक्षियों के पंख के सिवा
बहुत देर बाद आता है आकाश
लेकिन आता है अवश्य

यह समय मामूली नहीं
जिन्हें हो खाँसी, दमा या जुकाम
रक्तचाप या सत्ता का गठिया
वे जाएँ
दिखाएँ नब्ज़ ठीक मृत्यु के समय
बचें ज़रा सत्य की हवा बौछार से
अन्धे और मूढ़ उतरें
ऊँड़े कुओं में
जिसमें पानी की बूँद तक नहीं है

ज़मीन इस तरह तो प्यासी नहीं रहेगी
इस तरह तो लोग नहीं देखेंगे
ऋतुओं का सर्वनाश
इस ग़ैर-मामूली समय में
इतिहास के बन्द किवाड़ खुलेंगे
पूरे के पूरे तालाब में
सहस्रों कमल तैरते हुए
फैल जाएँगे

धूप की याद का सिलसिला

बहुत दिनों तक
गहरी नीली अतलान्त झील की
याद नहीं आती
आती है तो
अकथनीय दुःख की हवा
वर्षा के झिंझोड़े हुए पेड़ की तरह
खड़ा रहता हूँ
चलता हूँ अच्छे-बुरे दिनों की
स्मृति और आतंक के
बीचोंबीच

पुरानी दुनिया का बोझ कन्धों पर है
काल पत्थर को घिसता है
यह है
लेकिन तब तक जंगल के तमाम वृक्षों की
नसें टूटी हुई छिन्न-भिन्न
वनस्पतियों का शोक
अन्धेरे में बहती नदी के
क्रुद्ध एकालाप से बढ़कर कुछ नहीं होता

धूप की याद आती ही रहती है
धूप के दिन हवा की थापों से चलते
बादल-पुलों के सपने

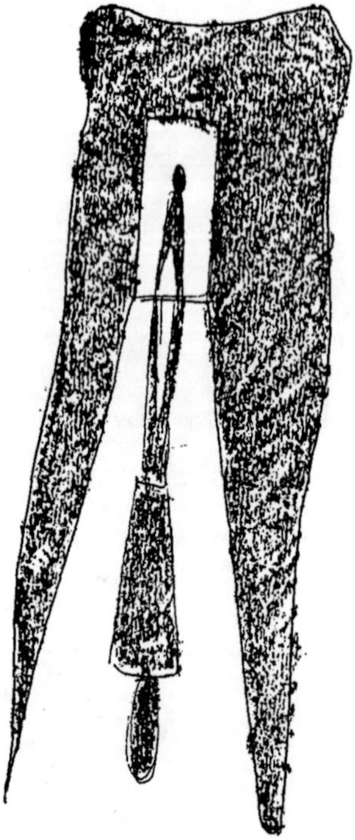

धूप में नहाये वृक्षों के कुंज
फिर-फिर आश्वस्त होना
अपने प्रति, धूप, बादल और हवा के प्रति
लेकिन इसी बीच
लौटता है बार-बार
रेंगता हुआ धीरे-धीरे अँधेरे की तरफ़
घिसटता दिन
पीले रक्तहीन लोगों में बैठा हुआ मैं
प्रतीक्षा करता हूँ
एक पल की और धूप किरण की
जिसकी स्मृति अब
सिर्फ़ एक व्यंग्य हँसी रह गयी है

हवाओं का वेग थम गया है
माँ जिस पेड़ के नीचे बैठी है
वहाँ पत्ता तक नहीं हिलता
एक पेड़ के सपने का इस तरह मिट्टी में
मिलने का दुःख जो भी हो
हवा का रुकना
असहनीय त्रास है

यही सोचना, डूबे रहना
हटाना निराशा की धुँध
फिर डूबना, उठना
यही दिनचर्या का हिस्सा

वृद्ध-मण्डली

रोज़ बूढ़े लोग इकट्ठे होते हैं
सब तरह के दुःखों से थके
छोटे डरे बच्चों की तरह
अपने क्लेशों की लम्बी फ़हरिश्त पढ़ते हुए
गठिया, रक्तचाप, डायबिटीज़
लड़कियों के रंगीन चश्मे
लड़कों की बेफ़िक्र हँसी
चुहल, नादानियाँ
प्रेम और बाँकपन

एक बेंच पर बैठे हैं वे सब
सूर्यास्त की रोशनी में
अपने अतीत की बातें करते

मैं दुपहर में जिनका
हालचाल पूछता था
अपने तारुण्य पर आत्म-मुग्ध
पकना नहीं हो जैसे
कनटोपा पहनकर इन्हीं के बीच बैठा हूँ
विगत की आँच पर गरमाता हुआ
आज की दुनिया पर शोक करता
जो हमारे लिए नहीं रही
बूढ़े लोगों के पास
अपनी जीर्ण-शीर्ण दुनिया की
शान बघारने के सिवा
बचता ही क्या है?

विवाह

थोड़े समय बाद लड़की इस घर से चली जाएगी
पड़ौस की स्त्रियाँ उसके साथ मोह से बँधी हैं
नीम और पीपल की छाया के नीचे चलती
वह एक चकित हिरनी की तरह
आयु की छलाँग भर कर
आगे बढ़ गयी है

लड़का उन्मत्त नदी की तरह
लड़की के पास है
सारी ऋतुओं के फूल उसकी जेब में हैं
पार कर लेगा वह
जेठ-वैशाख की उमस-आँधी
सावन भादों की अटूट मूसलाधार वर्षा
पौष-माघ का प्राणों को ठिठुरा देने वाला
क्रूर हिमवात
हज़ारों विपत्तियाँ उतार-चढ़ाव

लड़की लड़के को देखती नहीं है
पर्दा नहीं है
पके धान की तरह
उसकी हथेली है
छोटे-छोटे पैरों से वह दूर तक गयी है
फिर जाएगी डरेगी नहीं
जन्म देगी अपने शरीर-आत्मा के भीतर से

समयातीत समय को
यह समय होगा लड़का या लड़की

इस मिट्टी की सरसता से जिन्हें डर है
डरते हैं जो ज़िन्दगी की परिक्रमा से
नया समय जिनकी हथेली में चुभता हो
वे अपनी देहली लाँघें
देखें, डरें नहीं
बिल्कुल नहीं
लड़की अपने छोटे पैरों से चली गयी है
लड़का उसे जानता नहीं है
लेकिन वह उसके लिए लाया है
नये अन्न की बालियाँ, फूल, जल और हवा

बूढ़ी माँ ! यह रोने का समय नहीं है
लड़की तुम्हारे आँगन में खड़ी नयी बेल है
लड़का नया पत्ता

गोपीनाथ

गोपीनाथ अपने गाँव से गठरी ले कर चला था
अब शहर में सड़क पार करना है
रास्ते दिखते हैं कई
कौन-सा जाता है
गया या प्रयाग या हरिद्वार

शहर में असमंजस है गोपीनाथ
सिर पर रखी गठरी तो और भी ग़ज़ब है
ठिठक कर लोग खड़े हैं
गठरी देखने के लिए
विदेशी गठरी में लगी
गाँठों पर हतप्रभ हैं
गाँठ में गाँठ में गाँठ

कोई बम तो नहीं है
कहाँ के हो कहाँ जाना है
थाना दूर नहीं है

किस किस का लालच
किस किस का भय
बँध गया है गठरी के साथ
कपड़े बाँध कर चला था गोपीनाथ

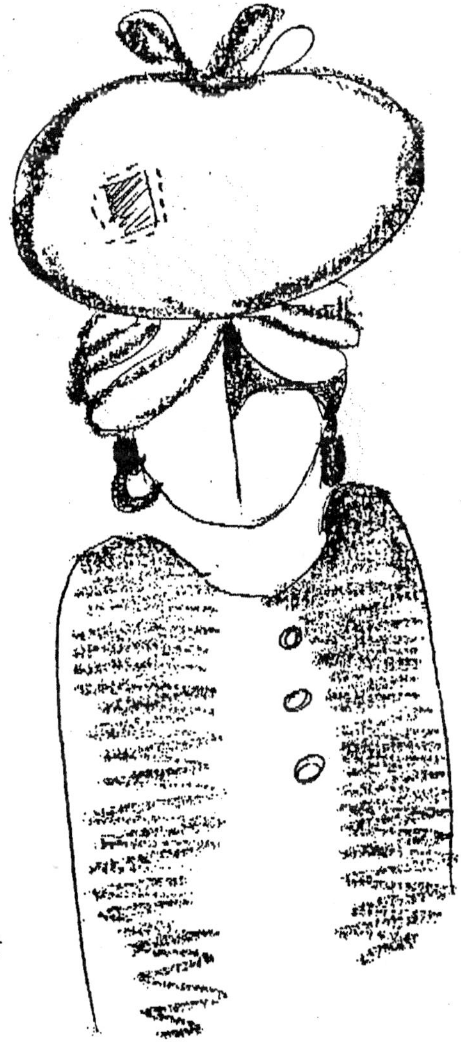

गंगा-स्नान के लिए
यह यात्रा निर्मल जल की
तलाश में थी

कहाँ गंगा और कहाँ जमुना
अभी तो सड़क के उस पार
जाना है गोपीनाथ को
गठरी वह अकारण ही ले आया था
सन्देह और तमाशा बनने के लिए

क़ब्र पर रोशनी

हम रोज़ एक सपना देखते हैं
रोज़ दफ़ना कर लौट आते हैं

दरवाज़े पर ही मिल जाते हैं
ग़मगीन लोग
एक मुट्ठी मिट्टी
और हवा के बीच
एक पत्ते के सूखे सपने के लिए
उदास और बेचैन

पादरी अपनी किताब खोलता है
पढ़ने लगता है
तुम्हें वहाँ अन्न मिलेगा
क्योंकि यहाँ तुम भूखे थे

एक उदास पेड़ की पत्तियाँ
गिर गयी थीं
पादरी की किताब पर
एक दयालु आदमी की तस्वीर बनी थी

लोगों ने 'आमीन' कहा
और वे उठा कर ले गये
अपने कन्धों पर
एक रक्तहीन प्यासे सपने को

लौटते वक़्त क़ब्र पर
जो रोशनी उन्हें दिखायी दी
पीली और असहाय
अस्त होती हुई
उसी रोशनी में उन्हें चलना था
दूसरे दिन सुबह उठकर
फिर इस अन्तहीन पृथ्वी पर
इस ख़ाक में मिल जाने के लिए
जहाँ से हरे और बड़े-बड़े पत्तों वाला
पेड़ उगता है
सघन और मज़बूत

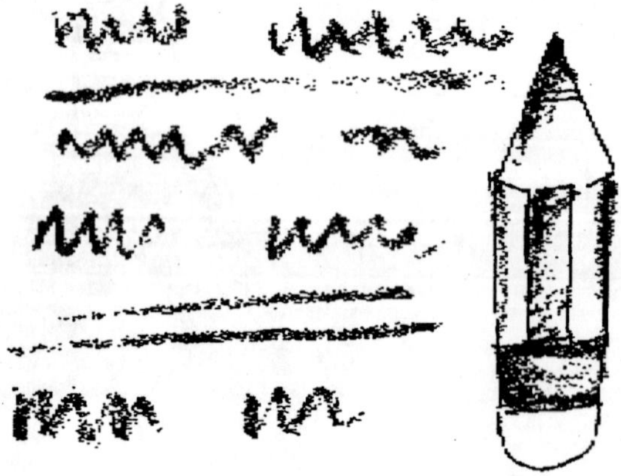

स्मृति

मेरे दायें हाथ में पैन्सिल का एक टुकड़ा था
बायें में एक दुनिया
पसीने से तर-बतर हथेली पर
कितने रंग थे

क्या हुआ सहसा
उस छोटी पैन्सिल से
मैं कविताएँ लिखने लगा
हर सीढ़ी पर चढ़ता कविताएँ लिखता
कितने रंग थे ऋतुओं के
आदमी के दुःख के

इम्तहान जब बिल्कुल नज़दीक आ गये
मैं छोटी पैन्सिल से सवाल हल करने लगा
किताब के पीछे जो सवालों के जवाब थे
उनसे मेरा एक भी जवाब नहीं मिला

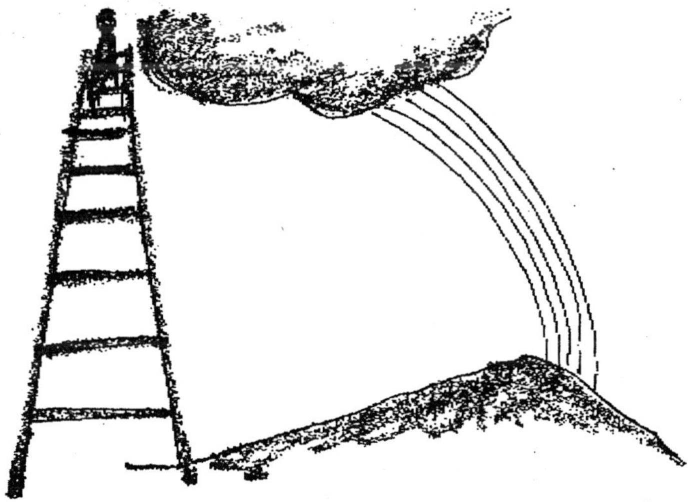

इस बीच वह दुर्घटना हुई
आकाश पर उड़ती हुई चील
एक ही झपट्टे में
हाथ से पैन्सिल ले गयी
तेज़ आँधी में पूरे जड़-मूल से काँपता हुआ
वृक्ष जहाँ था वहीं मैं खड़ा रहा
पेड़ की पत्तियों का रंग मुझे याद नहीं रहा
सिर्फ़ चील के तलवार जैसे पंख
मूसलाधार वर्षा
एक भी सवाल का जवाब न मिल पाना
यही याद है
बाद वाली दुनिया में

गीली लकड़ियों के बीच

उन देहातीत दिनों में
निपट अन्धकार के बीच
रेल निकलती थी
गाँव के सीमान्त से लगी
लगातार सीटी बजाती
तेज़ और जादू-सी

'लो नौ बज गये'

तब तुम चूल्हा जलातीं
ढेर-सी गीली हरी लकड़ियों से
घास से
दूर-दूर तक फैल जाता था धुआँ

बुख़ार चढ़ने लगता था तुम्हें
हम तुम्हारी थकी बीमार देह पर
लेट जाते
कँपकँपी से बेहोश होती देह पर
ज़मीन की सारी ठण्ड सीलन
बर्फ़ की नदी ही बहती थी शायद
तुम्हारे शरीर के बीच
इस तरह ख़त्म हो जाते
आश्विन के म्लान दिन

रेल की लगातार बजती सीटी
सिर्फ़ उन दिनों बुरी लगती
सुई की तरह ऊँडी चली जाती
नाभि तक और भी नीचे
पिण्डलियों के रास्ते
पैर अँगुलियों तक
पूरे जिस्म में चुभती दौड़ती

कुछ ज़्यादा याद तो नहीं रह गया है
दिन वर्ष या तारीख़
या कि ऋतु
सिर्फ़ बच गयी है
उस अतल दुःख में तैरती
तुम्हारी ज्वर-तप्त देह
यहाँ-वहाँ
पूरे समय को
बिद्ध करती, सिसकती
रेल की लम्बी सीटी
गीली लकड़ियों के बीच की आग
और विषाद की निस्संग स्मृति

असलियत जानते हैं लोग

लगातार विरोध करते रहो
अन्याय और हिंसा का
उन दिनों भी जब
रिवाल्वर की मदद से
मन्त्री पद मिलता हो

फिसलने के समय नज़र आओ
वे बातें कहो
जिन्हें सुन कर लोग कहें
मूर्खों की तरह बातें मत करो
सत्य की और ईमानदारी की
दोस्ती की और दरियादिली की

जब लोग कहें
घर भर लो
यही समय है
हाथ की सफ़ाई और हुनर दिखाने का
तभी आसमान पर
सीढ़ियाँ लगाओ
लोगों से कहो
चढ़ो पहाड़ ऊँचे और दुर्गम हैं
लेकिन वहीं से नज़र आती है
दुनिया मनोरम और अप्रतिम

शहद के बाज़ार में
मक्खियों की तरह भिनभिनाना
दुम हिलाना मरियल घोड़े की तरह
एक भी काँटा न चुभने देना
'जी हुजूर मैं आपका पायजामा हूँ'
ऐसी भाषा से
मर जाता है आदमी

पराजय कब नहीं थी
कब नहीं थे झूठ के लिए वाह-वाह करने वाले
लेकिन तभी दलदल से
निकल आया था समय
करिश्मे और भाग्य से नहीं
मनुष्य के उत्साह और संघर्ष से

असलियत समझते हैं लोग
वे नंगी तलवार वालों की
कायरता जानते हैं

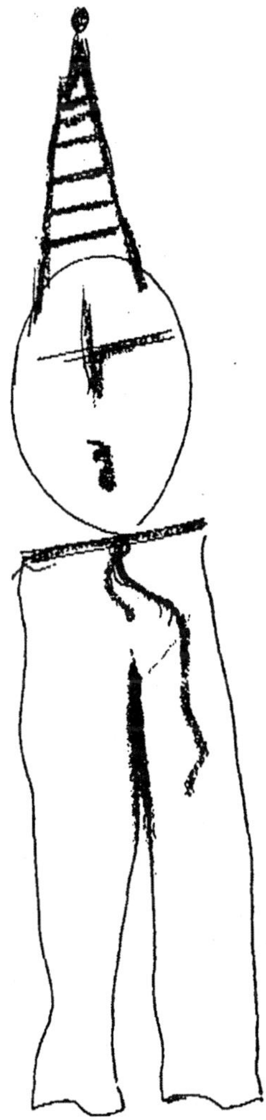

फिर से कहें

इतना ही मैंने कहा था
जब मैं डर गया था
डर के बारे में

जब जड़ें सूख गयी थीं
पत्ते और टहनियाँ
फल गिरने लगे थे
तब मैंने कहा था
हवा और पानी के बारे में
रोशनी, पृथ्वी और आकाश के
बारे में
डरते हुए भी मैंने कहा था
डर के बारे में

यह यूँ ही आ गया था
या सचमुच उस लोक-कथा में था
'शेर आएगा तो नहीं डरोगे'
'नहीं'
मैंने भी यूँ ही कहा था
या सचमुच डरा नहीं था

इस बाल-कथा में
जो कुछ था
वह शेर के बारे में नहीं था

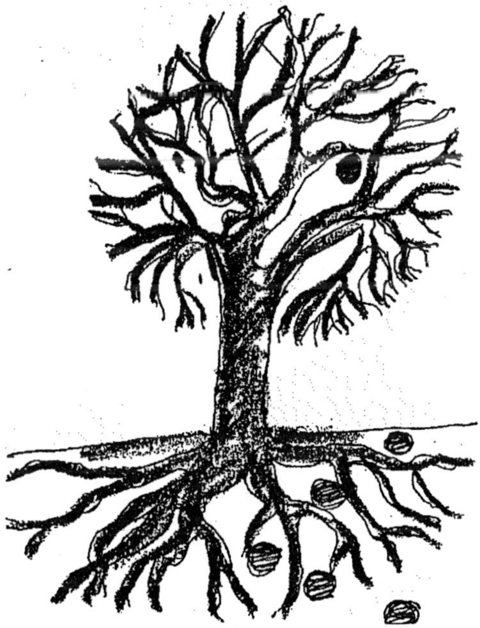

शेर अब आता नहीं है
लेकिन जो कहते हैं
शेर के आने से हम नहीं डरेंगे
वे सब फिर से कहें
शेर के बारे में

लोक-कथा के अन्दर ही अन्दर
ताक़त, दाँत, छलाँग
गुर्राहट, लपक
चयन, नरभक्षिता
दहाड़
सब के बारे में
सावधानी और होश के साथ
फिर से कहें

फागुन के आते ही

फागुन के आते ही
हमारा नींबू सहस्त्रों छोटे पत्तों
फूलों से दमदमाने लगता है
सुगन्ध से प्रमत्त हवाओं के दिन
मुँडेर पर बैठ जाते हैं
छोटी चिड़िया-से गरदन उठाये

पौष में किसे मालूम था यह होगा
ठण्ड से काँपते, निर्जीव पेड़
हिलने लगेंगे
हरे, नये और ताजा दम

हज़ारों बार यही हुआ है
पृथ्वी!
तुम ने दी है ठण्डे, पपड़ाये
धूल-धूसरित
पेड़ों-पठारों को
खिलखिलाती हँसी
रोशनी का समुद्र और वसन्त
ठिठुरता हुआ भूखण्ड
बदल गया है
रंगों की आतिशबाजी में

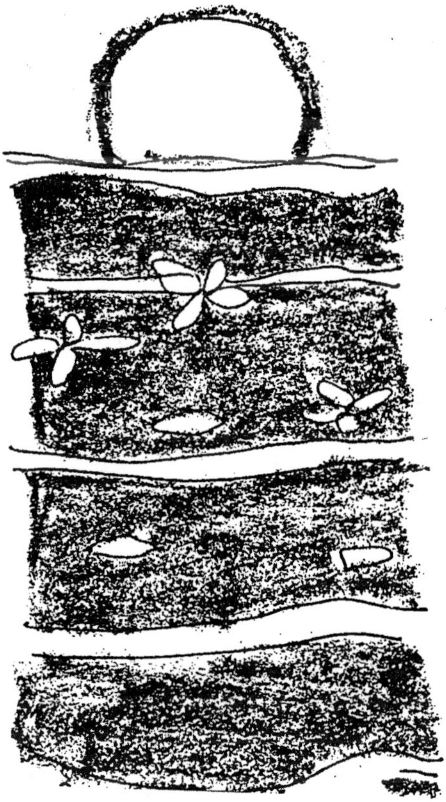

पृथ्वी!
तुम कितनी नयी होती हो
उर्वरा और उत्फुल्ल

कितनी तरह देती हो
रूप, आकार
बदलती हो ताल, लय, छन्द,
त्रिकाल

लड़की कूद जाएगी रस्सी के पार

यहीं बनाने को है
गोरैया अपना घोंसला
दिन-दिन तिनका, घास
काग़ज़, पन्नी फेंकी हुई
टुकड़े-टुकड़े रिबिन जोड़कर

पूरे वृक्ष पर घूमती है गिलहरी
ऊँचे किए छोटे पैरों पर खड़ी
बातचीत करती हुई
नीले रंग के आसमान से

बड़ी तो नहीं लगती रस्सी
कूदती ही रहती है लड़की
कूदने के लिए ही है मौसम

जब तक असमंजस और प्रेम है
तब तक यह घोंसला बनेगा
आइने के पास
गिलहरी बात करेगी
आसमान में उड़ती तितलियों से
लड़की कूद जाएगी रस्सी के पार

यह मौसम बदलेगा नहीं
तुम्हारी हँसी सुकुमार फूलों की तरह है
बाहर लाल कनेर के फूल हैं
और
पहाड़ पर पलाश दहकने को है

दस हज़ार वर्ष पुराना घर

रात से ही शुरू है वर्षा
कुछ नज़र नहीं आता
अँधेरे के बीच
हरे पत्ते, पीला कनेर
गली का उजास भरा मोड़

जगह-जगह रखता हूँ
तपेला, पुराना लोटा, देगची, भगौना
पूरा घर इतना कमज़ोर
इतना जर्जर हिलता हुआ
खिड़कियाँ लटकती हुईं सड़क पर

सब लोग जगे हैं
योजनाओं का दफ़्तर ही हो गया है घर
कल ही कही थी पत्नी ने
कल ही कही थी
मेघों का रूपाकार देख कर
द्वापर की कथा
उन्हीं ने कहा था
कृष्ण न होते तो ब्रज डूब जाता

मैं गुस्से से तमतमा गया था
तुम ज्योतिषी नहीं हो विभा
हमारा घर दस हज़ार वर्ष पुराना किला है

हाय! यही तो दुःख है इस घर का

लड़का दस हज़ार वर्ष पुरानी बाल्टी लिये
दौड़ता है पूरे घर में
सहस्र धाराएँ गिरती हैं घर से
लड़की अपने चिथड़े हुए
वस्त्रों की गठरी लिये घूमती है

सब सहता है यह पुराना घर
अथाह जल में डूबते हुए
भव-सागर पार करने की रोमांचक कथा
इत्यादि

राज-द्वार पर खड़ा है
हैलिकॉप्टर
दस हज़ार वर्ष पुरानी छत पर से गुजरने के लिए
हर वर्ष रात से ही शुरू होती है वर्षा
हर वर्ष हमारे मृत्यु आँकड़ों से
शुरू होता है
बाढ़ के विनाश का वर्णन
प्रतिज्ञाओं का मायालोक
दृश्यावलोकन की तैयारी

आत्मा और घर का
शाश्वत रिश्ता समझते हुए
मैं इस मरणासन्न अँधेरे में
लटकती ज़्यादातर उखड़ी हुई
छत के नीचे खड़ा हूँ

कार्तिक

लौट आयी हैं
कार्तिक की दूध नहायी रातें
घर पिछवाड़े
दूध पी कर
दुबके हुए हैं माँ के पास मेमने
भयरहित

धीरे से आता है तेंदुआ
चोर की तरह दुबकता
गद्दीदार पैर रखता
दिग्विजयी सुल्तान
रेडएलर्ट, सायरन,
कर्फ़्यू, धारा एक सौ चवालीस
कुछ भी नहीं पहले या बाद में
भेड़ों का शोकार्त स्वर
दिगन्त तक जा कर लौट आता है

सुबह पूछते हैं लोग गड़रिये से
क्या हुआ था रात को
गड़रिया मेमने गिनता है
दो कम
तेंदुए के पंजे अंकित हैं
निर्जीव लेटी भेड़ें ही इस शोकान्तिका की साक्षी हैं
जो ख़ामोश हैं

आश्विन

आश्विन के छोटे होते हुए दिनों में
मकड़ी के जालों को देखती हुई
माँ अपने दिनों की याद करती हैं
कहाँ कहाँ की बातें याद हैं माँ को
किस किस के विवाह-बरातों में
हुए वितण्डावाद की
लाल बुखार, अकाल और विधवा किशोरियों के
मुँड़े हुए सिरों की
समय के सारे गवाक्षों पर
माँ हज़ारों दीप लेकर घूमती हैं
सब कुछ फिर से नज़र आने लगता है
शब्द, रंग, स्वाद
तितलियों के पंख पकड़ लेती हों जैसे

बस एक ही बार
उदास पतझर की तरह माँ को देखा था
वे महानाश को देखने लगी थीं
देखने लगीं
खेतों की रौंधी हुई फसलों पर
सिर पीटती असहाय स्त्रियों का रोना कलपना
नाना के आँगन में इकट्ठे लोगों का

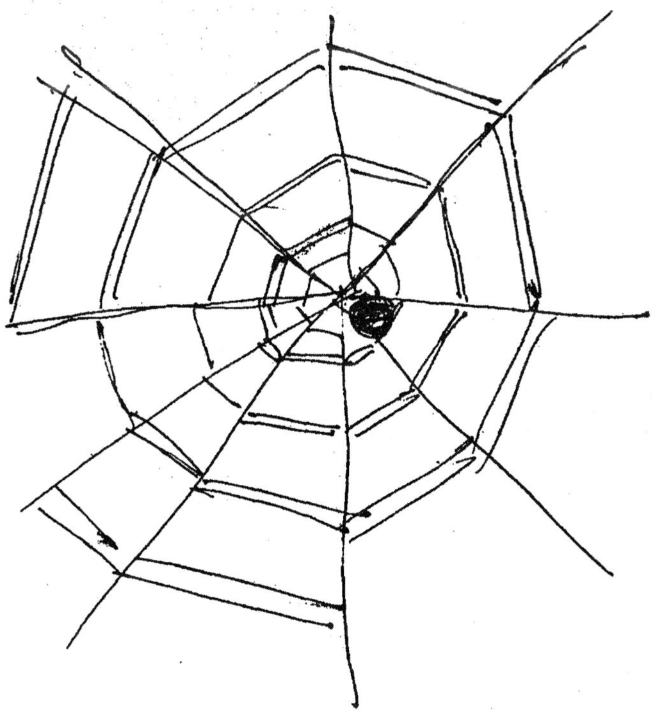

सितमगरों के विरुद्ध गाली-गलौच
पुजारी का भोग, दलाल का ब्याज

दहकती हुई आश्विन की धूप से
माँ के चेहरे का रंग मिलने लगा
मैं फिसलते-फिसलते बच गया
मैंने आज सुबह ही लिखी थी
कविता की मायूस इबारत
काल के नीचे दब जाने का संकेत

अपराह्न में

अब तो रोज़ देखता हूँ तुम्हें
अस्वस्थ, औषधियों और इंजैक्शन के
डिब्बों से घिरे
रोज़ देखता हूँ तुम्हारा धैर्य
देखता हूँ जहाँ से भी
आता हो
पाताल लोक से
तुम्हारे जीवन का झरना

वसन्त के दिनों में
तुम्हारी तरफ़ देखने का
अवकाश ही नहीं था
एक स्त्री होने-होने में
ख़त्म हो गये सब दिन

आकाश की बची-खुची धूप में
अब तुम्हारे साथ बैठने में
अपने स्वार्थ की छाया
लम्बी और लज्जाकारक है

अपने सुख का एक-एक कंकर गिनना

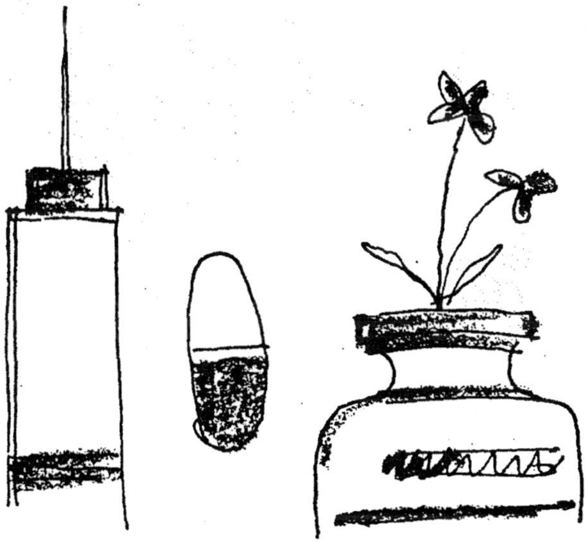

याद करना
लौटाना बीते हुए को
या सोचना उस अनिर्दिष्ट
भविष्य को

तुम्हारा चेहरा
इतने समीप से कभी देखा नहीं था
देखा होता तो अब मिलाता
कौन सा सुख-दुःख
दे या ले गयी है
वह रोशनी, वह छाया

दिसम्बर में

पूरे दिसम्बर
मैंने खिड़कियाँ नहीं खोलीं
गिर गये होंगे सारे पत्ते
फूल बहुत छोटे और प्रसन्न
या न भी गिरे हों
यह देखने के लिए भी नहीं

वे स्त्रियाँ कहाँ जा रही थीं
बची हुई रोशनी में
उस पूरे दृश्य के पार
छोड़ती हुई अपनी आयु के सपने
सूखते हुए जंगल के बीच

दिसम्बर के मोहक
नीले आकाश और बादलों के लिए
बच्चों के लिए
जिन्हें देखने की मैंने इच्छा की थी
नीले सफ़ेद और कई रंग के
मुलायम ऊनी स्वेटरों में
उन तक के लिए भी
मैंने खिड़कियाँ नहीं खोलीं

पतन के सम्बन्ध में

वे कुछ भी कहें
पतन के सम्बन्ध में
बताएँ जो बता सकते हैं
कारण
वे छोड़ दें पद, ओहदे
जब वे गिर चुके हों
कर चुके हों इकट्ठा धन
और लोग चकित हों
उनके पाखण्ड
उनकी आस्थाओं को ले कर

एक समय ऐसा आता है
देशवासियो !
जब लोग शपथ खाते लेते
देश को डुबा आते हैं
समुद्र में

आस्था, व्याख्या, कारण,
लालच और राजनीति
पछतावा और गप्पें
इस तरह भी पहचाना जाता है
समय और षड्यन्त्र

कुछ तो होगा ही नागरिको !

कुछ तो होगा ही
नागरिको !
सूखा या बाढ़
गरम रेत या कीचड़
भूख या भेड़िया

तुम्हारी यही तो बुरी आदत है
अनाथ लोगों की तरह हाथ फैलाना
माँगना
शब्दों से खुश होना
आकाश की तरफ़ देखना
रंगीन चिन्दियों की पतंग उड़ाना

अगर मैं तुम्हें मौक़ा दूँ
तुम्हें नागरिको !
तुम अभी मुझ से पूछोगे
बताओ कविराज
क्या होगा इस देश का
कब सस्ते होंगे आलू या गोभी ?

नागरिको !
तुम जानते हो
हर नदी को पार करने के लिए

हिम्मत चाहिए
सपना देखने वाली आँखें और मन
जो पिछले लद्दड़ इतिहास को
एक मुट्ठी राख में बदल दें

तुम्हारी यही तो बुरी आदत है
जब देखो तब हिसाब मिलाते हो
डरते हो
गये गुज़रे ज़माने की बातें करते हो
मुझ से पूछते हो
कविराज ज़माना कब बदलेगा

तुम जानते हो नागरिको,
ज़माना हमारी मुट्ठियों में है
राजकुमारों की जेबों में नहीं
तुम समझते हो
सबने आत्मा बेच दी है
तुम समझते हो
रोशनी से दिन नहीं जगमगाएँगे
लोमड़ियाँ खा जाएँगी
खेत खोद-खोद कर

नागरिको !
राजा अपना लबादा
छोड़ कर भाग जाएगा
सेनापति अपनी वर्दी
अगर हम छोड़ दें
नर्म गद्दों पर सोना
यहीं छिपी है हमारी ज़िन्दगी
दुःख की ख़न्दक़ों में
भूख और मृत्यु में

कोई देता है किसी को ज़मीन
अकाल पड़ा है सत्य का

नागरिको !
तुम इस कायर भीड़ में
धक्का मारकर घुस जाओ
उनकी हीरे वाली अँगूठी को न देखो
दुनिया बदल जाएगी

थोड़े दिनों बाद

थोड़े दिनों बाद
जब लोग समझ जाएँगे
जल्लाद और सितमगरों के इरादे
तब उन्हें याद आएगा
प्रेम, संगीत का झरना
कविता की सुगन्ध
नीली रोशनी वाला अतलान्त जल
बर्फ़ का सफ़ेद कोट पहने कंचनजुंगा
अन्तःसलिला श्यामला पृथ्वी

थोड़े दिनों बाद
जब लोग समझ जाएँगे
सिंहासनारूढ़ लोगों के टुच्चे मन
अपने मन के दर्पण में देखेंगे
एक सहस्रदल कमल
हज़ारों टहनियों वाले छायादार वृक्ष
एक समयातीत उदार मन की हँसी

थोड़े दिनों बाद
जब वे घमण्ड लगाने वाले
हत्यारों की ज़िद और मूर्खता से
थक जाएँगे

तब वे अपने बच्चों से कहेंगे
एक बदमिज़ाज और ऐयाश वक़्त के क़िस्से
निर्दोष बालकों के हत्या प्रसंग
धर्मोन्माद के तंग और हरामी
षड्यन्त्रों की कहानियाँ

कुछ भी हो
आदमी की दोस्ती अमर है
हँसी-मज़ाक़, खेल-तमाशे
खुली ज़िन्दगी और मनमौजी समय

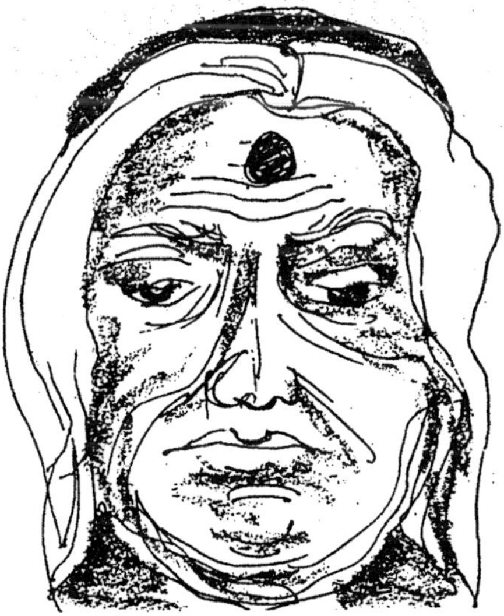

दादी माँ चिन्ता छोड़ो

दादी माँ तुम हमेशा चिन्ता करती हो
अपने बेटे, बहुओं, पोते-नातियों की
चिट्ठियों की चिन्ता
बाहर जब कभी होता है
अँधेरा या हवा का शोर
या वह ऋतु आती है
जब अमरूद पकते हैं
और शब्द होता है
बीते हुए ख़ामोश दिनों का

अपनी झुकी हुई झुर्रियों वाली
गरदन पर चादर लपेटे
तब तुम धीमी आग, गर्म रोशनी होती हो

दादी माँ, युधिष्ठिर के लिए दुःखी होना
तुम्हारे महाभारत का हिस्सा है
अब दुर्योधन की पीठ पर
प्रतिष्ठा का कम्प्यूटर कारख़ाना है
गाँधारी आँख पर बँधी पट्टी नहीं खोलती
आँख और हाथ के बीच दहशत भरा जंगल है
तुम्हारी आँख के पास दफ़्तर होता
तब यमराज तुम से हँस-हँस कर बातें करता
अश्वत्थामा दूध के लिए रो-रो कर मरता रहा
दूध का दुःख उन दिनों भी था
बाबुओं की जंघाएँ तगड़ी, गरदनें पुष्ट थीं
द्रौपदी की पीठ पर
सांसदों की हँसी, धर्म-व्यापार था

दादी माँ, अब आग तापने
और भूभल में लाल हुए
शकरकंद खाने की चिन्ता छोड़ो
तुम्हारे नाती-पोते
बबलगम चिगलते
अँगरेज़ी मदरसों में पढ़ते
बड़े हो रहे हैं

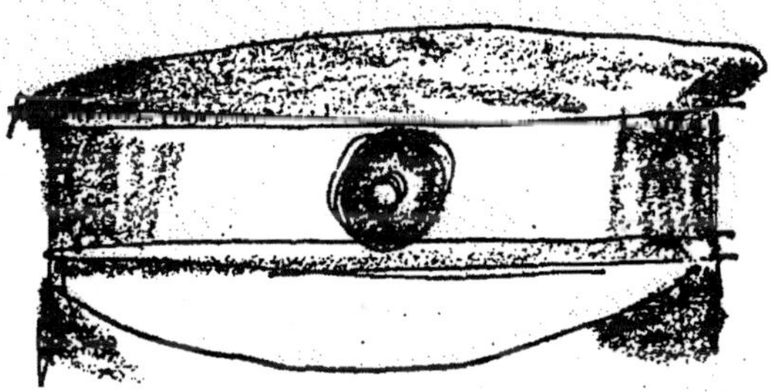

युद्धोन्माद के विरुद्ध

अब तो पूरे आकाश में फिर
सूरज की रोशनी फैलने लगे
डरी हुई हिरनियों की आँखें फिर खुलें
तो मैं खुश रहूँ

बच्चे अख़बारों की लम्बी-लम्बी टोपियाँ पहनें
नाचें और अर्थहीन तुकें जोड़ें
लड़कियाँ जूड़ों में रंगीन खुशबूदार फूल लगाएँ
युवक रोशनी में चलें
सड़कों पर मिलें और मुस्कुराएँ

बहुत हुई प्रभु! बहुत हुई
अभिशापों से घिरी मुल्लाओं, पण्डितों
पादरियों की प्रार्थनाएँ
अब तक युद्धोन्मत्त नाबालिग
सेनापतियों के तमग़ों पर
किसी ने मुट्ठी भर धूल नहीं फेंकी

तुम्हारे रास्तों पर चलने वाले लोग नम्र होते हैं
प्रार्थनाघरों में वे बहकते नहीं हैं
मृत्यु कोई भय नहीं है
किन्तु यह सन्दर्भातीत मृत्यु
यह अकारण सूलियों पर चढ़ जाने का उन्माद

जलते हुए शहरों और पुलों की अग्नि
किसी प्रमथ्यु तक नहीं पहुँचती
एक शाप-ग्रस्त अजन्मी पीढ़ी के
काले धुँधलाए चेहरे
आकृतियाँ लेते हैं
जिनके न आँख होती हैं न कान
कुछ होता है
घड़ी के गोल-गोल अंकहीन डायल जैसा कुछ

मैंने फ़ौजी अफ़सरों के वक्तव्य और
वसीयतनामे पढ़े हैं
बेचारे
यह तक नहीं लिख पाये कि उनकी क़ब्र पर
किस रंग के कौन-से फूल चढ़ाए जाएँ

प्रभु! एक युद्ध रहित
भय रहित
सृष्टि के लिए
वरण की स्वतन्त्रता दो

अकाल

दो शृगाल रात भर खेत खोदते रहे
गहरा और गहरा और गहरा
अन्न कहाँ है?
कहाँ है अन्न पृथ्वी!

दो शृगाल रात भर
सूर्य को गालियाँ देते रहे
'हो गया तुम्हारे वंशधरों
तुम्हारे शक्ति-सामन्तों का
राज, सूर्य'
अन्न कहाँ है?
कहाँ है अन्न सूर्य!

दो शृगाल
रात भर पंजों से हवाएँ पीटते रहे
उन्होंने रात भर पेड़ों की जड़ें खोदीं
छलाँगें भरीं
हाय!
उनकी मृत्यु भी
अविज्ञप्त ही रही

विवशता

दिशाओं तक मेरा हाथ जाता है
लेकिन कुछ छूता नहीं है
मैं एक शब्द के लिए प्रतीक्षा करता हूँ
थोड़ी देर के लिए
हल्का नीला प्रकाश जन्मता है
फिर डूबता है, डूबता जाता है
डूब जाता है

मैं शब्दों के लिए फिर जन्मता हूँ
फिर-फिर प्रकाशित करना चाहता हूँ
नदियों के फैलाव और आत्मा और अग्नि
प्रेम और दर्द और अन्तरंग
लेकिन कोई कृति जन्म नहीं लेती
सब तरफ स्वादहीन सृष्टि फैली रहती है
मैं फिर होता हूँ, होता हूँ, होता हूँ

स्त्री

स्त्री का काम प्रेम करना है
स्त्री का काम दया करना है
स्त्री का काम मोहित करना है
पिटना है
पानी भरना है
पीसना है चक्की
उदास दिनों की

हम स्त्री की प्रशंसा करते हैं
उसके धीरज की
माँ बनने की
कपड़े धोने की
झाड़ू लगाने की

दिन निकल गया है स्त्री के लिए
उठो
रात हो गयी है स्त्री के लिए
सो जाओ

हमें रंज है तुम वैसी नहीं बनीं
वैसी अमरीकन, फ्रेंच, जर्मन
हमें खुशी है हमने तुम्हें वैसी नहीं बनने दिया
तुम ने किसी से हँसकर बात नहीं की

जैसा कहा वैसा ही किया
यह वधस्थल है यहीं बँधी रहीं

स्त्री का काम सेवा करना है
स्वागत करना है
चाय बनाना है
झाड़ू लगाना है
अपने थके बीमार चेहरे को चमकाना है

स्त्री का काम शान्त रहना है
कबाड़ख़ाने की चीज़ होना है
पुरानी टूटी-फूटी
लेकिन देखने लायक़

तब भी

मैं कुछ भी नहीं
लिखना, कहना चाहता था
तब भी लिखता कहता रहा

विफलता के सम्बन्ध में
कोई संशय नहीं था
नहीं लिखता तब भी
तब भी लिखता रहा

अपने समय, दुनिया
अपने चारों ओर
विलीन होती रोशनी को
इस तरह देखता
स्वीकार करता
लिखता रहा

यह आशा अजीब है
लिखोगे तो
बच जाओगे

शक्ति हो तो

गर्व से या मुझे नहीं मालूम कैसे
उसने बीते समय को याद किया
तब जो दिया था उसे
इच्छा से, जो दे सकता था
एक हद को तोड़ने के लिए
शक्ति हो तो दो
उद्विग्न होकर कहने के लिए नहीं
हमने दिया

लो भी इसी तरह
शक्ति हो तो लो
अनाथ हो कर नहीं
पछताते सिर पीटते

रास्तों पर गठरियाँ बाँधकर चलते हैं
ठग और कायर
अकेले चलते-चलते
क्षीण होती है आयु

ऐसे ही लेते-देते
ख़ज़ाने भरते हैं ख़ाली होते हैं
योद्धाओं के मन
क्लान्त नहीं होते

शक्ति हो तो
लुटो
रचना हो तो लो
उमंग जो थक कर बैठने वालों में थी
दुःख जो उस तरह कृपण होने में था
पछतावा जो पुराना घर देखने का है
एक बार खाली हो कर भी
यात्राएँ व्यर्थ नहीं जातीं

एक बार दूसरे देश की
धूप में चलो, खड़े रहो
ठिठुरो, भीगो, नहाओ
शक्ति हो तो

सिर्फ़ पछतावा

अपने लिए ही
बचाया था
दुबारा
दुबारा बचाया था
प्रेम

पूरा नहीं होने दिया कुछ भी
ड़र क़र
दूसरी बार न मिले
उस वृक्ष के नीचे
ठण्डी, बीतती छाया

दुबारा जाना था
जहाँ पेड़ ढूँढ़ते थे
अपनी पत्तियाँ
बादलों के दिन

पृथ्वी के पास से
कितना दूर चला गया था समुद्र

दुबारा नहीं जाने का
सिर्फ़ पछतावा बचा था